死の練習
シニアのための哲学入門

中島義道

PLUS新書

はじめに――「死の練習」とは？

哲学を志してから五二年、還暦が過ぎ、古希が過ぎ、私は七二歳になりました。しかし、そのあいだ、どうも真剣に哲学に邁進してきたわけではないようです。もし「哲学すること」がアリストテレスやカントを「研究する」ことだというのなら、私は何ひとつとしてまともな研究はしてこなかったのですから、哲学してきたとは言えない。また、「存在」とか「認識」といった哲学の根本問題を徹底的に思索することが哲学することなら、どう考えてもいい加減な思索しかしてこなかったのですから、やはり哲学してきたとは到底言えないでしょう。

では、私は哲学してこなかったのか？　そうとも言えます。

私は、数千年間跋扈してきた、そして現代日本にもうじゃうじゃ生息している「名ばかりの」哲学者なのかもしれない。しかし、身体の底からそう思って激しく後悔しつつも、一点の「慰めの光」を見いだします。それは「死」です。

私は、病的な子どもであり、七歳からずっとそれこそ寝食を忘れて、ときおり痴呆状態に陥るほど、「死」のことを考え続けてきました。あまりに「死」が恐ろしいので、というより、やがて死んでしまう自分の人生があまりに無意味なので、いっそ死んでしまおうかと思ったことさえありました。この点では、誰にもひけを取らないという「自信」があります。

何をしても「死」はすぐ隣にいました。小学生のころから、辛いことがあると「すぐに死んでしまうのだからいい」と自分に言い聞かせていました。朝、目覚めると「ああ、今日こそ死ぬ日なのかもしれない」と考え、夜、寝るときは「明日は眼が覚めないかもしれない」と怯えながら布団に入りました。

東大合格の掲示板に自分の名前を見つけて飛び上がったときも、心の中では「でも死ぬんだ」と叫び、ウィーンで妻に「結婚しようか」と呼びかけたときも「でも死ぬんだ」と思い、そして、息子が生まれたとき、看護婦さんから「男の子ですよ」と言われたときも、「でも死ぬんだ」という言葉が脳裏をよぎりました。

こうして、いま考えると当然のことなのですが、大学に入ったとたんに「でも死ぬんだ」という叫び声が身体じゅうを駆け巡り、私は法学部に進学することをあきらめて、（教養学部教養学科・科学史科学哲学分科〈略して科哲〉に所属する）大森荘蔵先生の「門」を叩いたのです。私はこうした「症状」をそのまま先生に語りました。すると、直ちに「それは哲学病です」という診断が下り「科哲に来なさい」と誘われました。いま想い起こすと多少滑稽ですが、私はこうして自分の「症状」に対する本物の哲学者からの「お墨付き」を手に入れて、五二年間哲学を続けることができたのです。

それは、まことに幸運なことでした。というのも、当時（いや、私自身を含めていまでも）このような「症状」を語って、哲学するようにすすめてくれる哲学者は、どう考えても大森先生のほか皆無だと思われるからです。私が先生に会っていなければ、哲学を続けていなかったであろうし、生きていなかったかもしれない。

話がずれていったわけではありません。「私は哲学しているのか？」と問うと「していない！」という夥しい答えが響き渡る暗黒の海のなかで「一点の慰めの光」とは、この「死」なのですから。ずっと後のことですが、プラトンの『パイドン』のなかにある

「哲学することは死の練習である」という有名なフレーズを知りました。その部分を、多少長いのですが、抜書きしてみましょう。

まずひとつの場合として、魂がまさに清浄なるままに、肉体から離れ去るとすれば、どうであろうか。すなわち、みずからすすんで肉体といっしょにあったことは、その生涯において一度もなかったがゆえに、その離別のときには、肉体にかかわるいかなるものも共に引きずってゆくことはなく、いなむしろ魂は、そのときつね日頃それの習いをかさねてきたそのままに、肉体をまったく逃れてそれ自身へと結集し、純粋な魂そのものとなったとしてみたまえ。――ところでそれはとりもなおさず、真正の仕方で知を求めてきたそのままにということであり、また真にこころやすんじて死にきることを習ってきたそのままにということなのだ。それとも、どうかな、知を求めること（哲学すること）とは、まさに死の練習である、としていいのではないだろうか

（『パイドン』松永雄一訳、プラトン全集第一巻、岩波書店、P234～P235）

プラトンにとって、肉体は牢獄であって、死とは、その牢獄から抜け出て純粋な魂になることにほかならない。そして、哲学することが「死の練習」（「練習」に当たるギリシャ語は〝melete〟であり、「稽古」とも訳される）と言われるのは、哲学することは、いつも死の準備をして生きること、死んでいないときでも、あたかも死後の純粋な魂であるかのように生きることだからです。

とすると、これは私の「死」に対するこだわりと異なるようで重なり合う。死を恐れれば恐れるほど、その恐れている「私＝魂」とは何か、わからなくなるのですから。物体も数学的図形も死を恐れないし、動物も赤ん坊も死を恐れない。とすると、死を恐れる（ことができる）のは、まさに理性的な私、すなわち「死」という名詞を含む言語を習得した者なのです。

それは、どのように「ある」のでしょうか？　それが肉体を伴って「ある」ことは確かなのですが、ではそれは肉体の崩壊とともに消滅するのでしょうか？　しかし、肉体とはまったく異なったあり方をしているものが、肉体と運命をともにする、というのもおかしなことです。

哲学することとは、まさに私にとって、こう考えに考えて考え尽くすこと、そして他のことに対する興味をすっかり失ってしまうことです。とすると、それはやはり「死の練習」と言えるのではないか？　思い違いでも構わない。こうして私は七歳のころから、「死の練習」に励んできたのであり、その意味で紛れもなく、哲学してきたのです。

読者諸賢、とくに還暦さらには古希を迎えた人々に問いかけたいのですが、このような人生を送ってきた者は多くないでしょう。しかし、あと一〇年あるいは二〇年で確実に死んでしまい、この広大な宇宙から消滅して、（たぶん）二度と生き返ることがない「この自分のあり方」について、死ぬ前に本腰を入れて考えてみたらいかがでしょうか？

もはや社会は（もしかしたら誰も）あなたを必要としていないのですから、このさいこの世に執着することはやめて、死のみを考えて残りの人生を送ったらいかがでしょうか？

その結果、あなたは不幸になるかもしれない。しかも、何もわからないまま死ぬのかもしれない。でも、それが哲学することなのであり、こういう人生を送ってきた私にとっての「哲学のすすめ」とは、これしかないのです。

目次

第1章　哲学の問い

「ぼくは死んでしまう」

私は相当ヘンな子どもであり、小学一年生のころから、「死」に怯えていた。「死」という概念がはっきり確立されていたわけではない。ただ自分がある日完全に「なくなってしまう」のだということを直観しました。いまから、そんなに遠くはない未来に、私はいきなりこの世界からかき消されてしまう。そう考えると、これまで安定しているように見えた世界が一挙に崩壊していくかのような驚きを覚えました。「そんなわけはない！」と叫びながらも、「そうにちがいない！」という確信が、キリキリと私を痛めつけ、その後この感覚は七二歳の現在までずっと私の中に持続しています。朝起きてから夜寝るまで、何が起ころうと、「やはり死ぬのだな、これを逃れる道はないのだろうか？」という呟きがぶんぶん唸っている。

私はこうして授業中も休み時間も登下校の折も「ぼくは死んでしまう、ぼくは死んでなくなってしまう」と呟いていたから、そのうちに、担任の女の先生が「中島君が授業中ぼんやりしている」と、母を学校に呼び出しました。

「どうしたの？　何かあったの？」とかがみ込み私の顔を覗き込んで聞く先生に対して、私はしばらく黙っていたのですが、ついに意を決して「ぼくは死ぬからです」と打ち明けると、先生と母は「はっ、はっ、はっ」と体をのけぞらせて笑い、それから先生は私の背中をさするように「そんなこと、ずっと先のことだから大丈夫よ」と言いながら、母と目を合わせ、ずっとにこにこ笑っていました。

そのころ、みんな私と同じなのだろう、少なくとも大人たちはそうなのだろう、と思っていたのですが、じつは、驚くべきことにそうではないことがわかりました。これは、私にとって大ショックであり、家に帰ってからも「ぼくは死ぬ」と言って泣き続けましたが、会社から帰ってきた父もわかってくれなかった。姉も妹もヘンな顔をして私を見るだけです。そのときから、私にとって人生最大の疑問は、なんで、みんな死ぬのに怖くないのだろう、他のことを一生懸命しているのだろう、ということです。

そして、同時に、私はそのとき身体の底から学びました。「人は死ぬ」ということを口に出してはならないこと、たとえ口に出しても、誰も真剣に受け止めてくれずにむしろ嫌がること、を。

その後、不思議なことに「ぼくは死ぬ」という呟きが、私をありとあらゆる苦痛から救ってくれることも知りました。

小学校時代を通じて、私は「遊ぶ」こととくにスポーツが苦手で、偏食も強かった。あらゆる肉が食べられず、みんなが一番楽しみにしている給食時間や休み時間が辛く、自然にひとりになっていったのですが、そんな時でも「ぼくは死ぬ」というオマジナイを唱えると、すっと苦しみが消えていく。

「これはすごいぞ！」と有頂天になりましたが、少々危険なことに、このオマジナイを続けていくと、いつか「魂」は身体から抜けたように空中に漂って、私を外から見ている。すべての記憶は失われ、世界はべったり平板になり、奥行きを失って、私は、いやこの少年は、自動人形のようにギクギク音を立てて歩いている。そして、「こりゃ危ないぞ！」と思った瞬間に、ふたたび元の身体に戻るのです。

いまではこの症状は軽い離人症のようなものだったろうと解していて、それ自体哲学とは関係がないのですが、少年のころの私があまりにも「死」と戯れているうちにこうなったのだとすると、それはかなり異常であり正真正銘の（すぐあとで紹介する）「哲学病」だった、と思っています。

「哲学者」と「俗人」

以下、本書では、人類のすべてを、哲学の専門家ないし真剣に哲学を修業している者と哲学的素人とに分け、ヒュームにならって、前者を「哲学者（philosopher）」、後者を「俗人（vulgar）」と呼びましょう。

こう言うと、なんだか前者の方が「偉い」かのような印象を与えるけれども、そうではなく、あくまでも哲学的問いに「引っかかって」いるか否かの差異であって、私の大学での指導教官であった大森荘蔵先生は、後者を「まともな人」、前者を「まともでない人」と訳すべきだと主張していました。これは、先生の持論であった「哲学病気説」に基づき、哲学者とは「哲学病」に感染した者、そして俗人とはその感染から逃れている者となるでしょう。

こう言うと、茶化しているかのように思う人がいるかもしれないけれど、そうではない。多くの人は、哲学とは、高尚な学問であって、科学者と同様に真理を求めること、しかも最も根源的な真理を求めることだ、と考えているようですが、これは、ある意味で誤解です。「いかに生きるべきか？」とか「人生において最も価値あることとは何か？」、あるいは「人類をこの文明の危機から救うにはどうしたらよいのか？」とか「いかにしたらすべての人が幸せになれるのか？」という高尚に見えてそのじつ気楽な問いは、哲学とは関係がないと私は確信している。これらの問いに答えようとするのは、宗教家、カウンセラー、法律家、政治学者、社会学者、あるいはゴマンといる評論家の仕事でしょう。

では、哲学の問いとはいかなるものか？

哲学の問いとは、「私が死ぬとはいかなることか？」さらには「私は存在しているのか？」とか「私は生まれてからずっと同一であったのか？」というような問いに代表されるように、誰でもちらりとは考えるきわめて基本的な、しかも原理的に解決できない問いなのです。こうした観点から見直すと、科学者と哲学者との違いは、はっきりしていて、前者は何らかの意味で人類に役立つことに携わり、後者はまったく役に立たないことに携わっている。

たしかに、科学者のほとんどは哲学の問いを「知っている」けれども、その問いに「感染」することもなく、「引きずりまわされる」こともないのです（だから、科学者をやっていられるのでしょう）。ついでに宗教家も人類に役立つことに勤しんでいる。彼は人々を救おう、人々の苦しみを軽減しようとしているのですから。

ロゴス（理性）中心主義

では、科学とも宗教とも異なる哲学とは何か？ ここで、カントに代表される近代哲学史をざっとおさらいすることによって、現代の哲学状況を俯瞰してみましょう。すると、俗人には思いもよらない事態が生じている。

古典ギリシャ哲学とキリスト教をミックスした（デカルト以降、旧態依然とした哲学の代表例として揶揄されている）中世スコラ哲学から、哲学がみずからを解放すると、哲学はキリスト教信仰に対抗するものとして「ロゴス＝理性」を全面的に打ち出すことになる。理性に訴えることにより、幾何学を基軸にした数学と天文学を基軸にした物理学（天文学）をモデルとする絶対確実な知を尊重することになる。これは、ガリレオ、デカルトあたりからで、これを「理性主義（rationalism）」や「主知主義（intellectualism）」あるいは「ロゴス中心主義（logocentrism）」と呼びます。すなわち、絶対確実で万人が承認しうるような普遍性を有する知識を求めることこそが、哲学の中心課題となったのです。

こう聞くと、とりたてて反対することはないように思われますが、こうしたニュートラルな外見の裏には、じつのところ古代ギリシャ的そしてキリスト教的（一神教的）思想がしっかり息づいている。この思想は、道徳に関しても美に関しても、絶対に確実な普遍的な唯一の「善さ」あるいは「美しさ」があるはずだ、というもう一つの思想につながっていく。

きわめて巧妙なことに、数学や物理学の普遍性とつながることによって、倫理学も美学も、じつは西洋的（男性的）価値観に基づいた原理にすぎないのに、普遍的だと確信され、こうして「理性」や「善」や「美」という普遍的名辞のもとに、この思想が意味しているのは、実際は「西洋的理性」であり「西洋的善」であり「西洋的美」なのです。

その典型はカントであり、彼はニュートン力学が全自然に妥当するように、唯一の道徳法則があると信じ、さらに唯一の美の規準もあると信じていました。

ここで、ちょっと専門に入りますが、カントが難しいのは、彼が旧来の純粋なロゴス中心主義に対して「斬新なロゴス中心主義」をぶつけているからです。これが「批判」にほかならないのですが、俗人は旧来のロゴス中心主義がわからないのですから、それを批判したカントの「斬新なロゴス中心主義」がわかるはずがない。こうした脈絡は、あまり解説書にも出てこないので、ちょっと踏み込んで説明してみましょう。

カントの時代（一八世紀）に現代の（科学者も含めた）俗人が夢にも思わない大難問が襲っていました。それは概念と実在との関係です。現代人は眼前の「この犬」が「犬」という概念からは独立に「実在する」ことに対して何の疑問ももっていないでしょうが、一八世紀までは大いなる疑問でした。

世界に何が実在するかは、観察すればわかるというのが現代人の常識でしょうが、長いヨーロッパ哲学の歴史においてそうではなかった。何が実在で何が実在でないかは、むしろ概念によって思考すればわかると考えられていたのです。思考して矛盾するものは当然実在しないのですが、思考して矛盾のないものが、実在するものの最低条件だと考えられていた。というのも、長く実在するものの典型は物体ではなくて、数学的対象や魂あるいは神だったからです。

眼前の机や人間が実在するか否かはどうでもいい。神あるいは死後の魂が実在するか否かが、真に関心のあるテーマでした。そのとき、哲学者たちが注目したものは数学的対象（円や三角形や数字の2や無限大など）でした。これらが実在することに合わせて、実在するものを考えていった。

ですから、ライプニッツに典型的ですが、三角形という概念に呼応する三角が実在するのであって、作図された三角形は単なる現象にすぎない。ですから、平面幾何学において、一辺が五センチメートル、四センチメートル、三センチメートルすなわち、その内角が九〇度、六〇度、三〇度の直角三角形は一個しか実在しないことになる。この三角形を作図すれば、向きが反対の直角三角形（すなわち合同）が二つ成立しますが、ライプニッツによれば、これは感覚が「混乱している」ことに由来する錯覚なのです。

現代人からすれば驚くべき結論ですが、カントはこれに反対して、こうした条件のもとに作図された二つの三角形は二つとも異なって実在するとした。これを広い視野から語ると、カントは、あるものが実在的であるためには、概念だけではなく、さらにそれとは別に空間（時間）も必要だとしたのです。

これは画期的な結論を導き出します。カント以前には、神や永遠不滅の魂は、概念として矛盾がないゆえに実在しているとみなされていたのですが、カントは実在には空間や時間という条件も必要だと考えた。こうなると、神や永遠不滅の魂はあきらかに空間的時間的に存在していないので、実在しているとは言えなくなるわけです。

いいでしょうか？　以上の実例によってわずかにでも窺えるように、『純粋理性批判』が難しいのは、そのテーマや書き方によるのみならず、カントが批判しようとした当の「相手」の姿が皆目わからないからであり、よって、カントの斬新さもまったくわからないからです。

カントが概念だけでは実在に関する認識は成立しないことを病的なほどの厳密さをもって繰り返し論じても、現代の俗人たちは、このことは当然と思っていますから、カントが何をしたいのかわからない。カントの論証より以前にカントの意図がわからないのです。

ロゴス中心主義批判

こうしたロゴス中心主義内部の批判ではなく、徹底的なロゴス中心主義批判が起こったのは、じつに二〇世紀に入ってからのことです。ソクラテス、プラトン、アリストテレス以来二〇〇〇年に及ぶロゴス中心主義に対して、西洋自身のうちから大々的に反旗が掲げられ、その最初の旗手が、ちょうど一九世紀の最後の年一九〇〇年に死んだニーチェだという図式もいまや哲学界では公認されています。

つまり二〇世紀に入ると、哲学は長い西洋哲学の知の伝統、とりわけデカルト以降の近代哲学の原理（ロゴス中心主義）に疑問を覚えるようになり、さまざまな側面からロゴス中心主義に抵抗し、新たな提案を出すことになる。

戦後になって、じわじわとこの運動がわが国にも伝えられたのですが、しばらくはその運動の「本性」が自覚されることはなかった。いまから考えれば、フロイトもハイデガーもヴィトゲンシュタインも、こうした大きな流れの中に位置づけられるのですが、私が大学に入学した一九六五年においてなお、彼らをこうした流れの中で読むべきだと習った覚えはありません。

こうしたロゴス中心主義に対する批判が大々的にわが国に取り入れられたのは、フーコー、デリダ、ドゥルーズ、ラカンなどいわゆるフランス現代思想の移入からであって、それは本家本元のフランスでの流行から二〇年以上も経ったとき（フランスで衰微しはじめたとき）です。つまり、この極東の国においても、ロゴス中心主義が支配していた「モダン（近代）」を批判する「ポストモダン」が一九八〇年代になって花盛りとなりました。

というわけで、現代日本では「ロゴス中心主義」批判の波に呑み込まれている哲学業界に身を置いている哲学者とそうでない俗人とのあいだには、奇妙な「ねじれ」現象が起こっている。

「ねじれ」とは、つまり次のようなことです。全世界の職業哲学者たちは、理性の威力を打ち砕くことにかまけ、理性主義とはなんたる幻想か、という色調の論文が毎日どんどん産出されている。いまの世の中で理性をいちばん信じていない人種は哲学者なのではないか、とすら思われます。これに反して、俗人の大部分はいまなお理性を信じているふうがある。

「信じている」とは、自覚的レベルより下のレベルで、俗人は、いまなお「理性」ないし「理性的」という言葉を肯定的に使っている。「そんなに感情に走ってはだめだよ、もっと理性的にならなければ」とか「理性的に考えればわかるだろう」という語り方に違和感をもっていない。そして何より、俗人は、哲学者たちは理性を重んじていると信じているのです(世の哲学者たちは「理性の暴力」とか「哲学の終焉」という議論ばかりしているというのに!)。

以上は、現代哲学を巡るおおまかな流れですが、この流れに対して私は個人的にきわめて違和感をもっていることを申し添えておきましょう。というのも、わが国には、かつて「ロゴス中心主義」はなかったし、いまもってないからです。みな、自然に理性や言葉に対して批判的態度をとっている。理性をあまりにも重んずる人を毛嫌いし、「言葉では表せないこと」を重視する文化風土には根強いものがある。なのに、西洋人に追随して「ロゴス中心主義」を「反省」していることに違和感を感じない哲学者たちに猛烈な違和感を覚えます。

考えてみれば、身に覚えがない「理性の暴力」を反省しなければならず、哲学などまだ開始していないわが国民が「哲学の終焉」を憂えなければならないのですから、これこそ西洋中心主義＝ロゴス中心主義の（もたらす弊害の）極限形態と言っていいでしょう。

科学主義・実証主義

しかし、じつはロゴス中心主義は、西洋においてもわが国においても、いまなお健在です。ロゴス中心主義にはざっくり言って二側面があり、その一つは神ないし道徳の唯一性に対する信仰であり、もう一つは知識（真理）の唯一性に対する信仰です。カント以降、前者は希薄化したのですが、後者は科学が描き出す真理に対する信仰として生き続けている。

哲学界以外では、科学者であっても科学者でなくても、人々（すなわち俗人）は、かなりの程度科学主義者であって、その実証的方法を疑うことはない。「科学」とは物理学や生物学に限らず、歴史学、経済学、社会学、心理学、考古学など総じて「学」と名のつくものすべてですが、それらが提供する知識を疑うことがないということです。

科学は、世界がいかにあるか（認識論）に関しては、大いなる威力を表すのですが、世界があるかないか（存在論）に関しては無力、というより無関心、いや軽蔑的態度を示す。大学時代に理学部で初等力学の講義を受けたことがありますが、教授が空間のベクトル表示を説明したあとで、ある学生が「その空間はどのようにあるのですか?」と質問したところ、教授は不快そうな面持ちで「物理学はそういう神学には入らない」と答えました。

現代心理学（実験心理学）も心をテーマにしながら、じつは実験的に対象化できる限りの心（身体の反応）に限定しているため、心身問題には入らないという矛盾的事態が発生している。ある若い心理学者は「そこに入ったら、心理学ができなくなる」と言っていましたが、ホンネでしょう。

しかし、哲学界でも科学主義とは言えないまでも、科学の成果を積極的に取り入れ、科学的知識こそ知識の基本モデルとみなす哲学者も少なくない。新カント派やフレーゲ、ラッセル、およびその近くにいた論理実証主義者はその典型でしょう。

彼らは、論理学の真理（同一律、矛盾律、排中律、三段論法など）がきわめて普遍的で確実であることに感動し、これをモデルにして確実な知の体系を打ち立てようと考える。こうした考えは、デカルトやスピノザやライプニッツ以降しばしば登場するのですが、こういう近代初頭に出た人々は、合理的に議論を進めながらも、難問にぶつかると神をもち出して答えようとした。

例えば、ライプニッツは真理を「理性の真理」と「事実の真理」に分け、前者を矛盾しないものとしたのですが、後者はそうではなく、時間が一次元であることや空間が三次元であること、あるいは物質があることなど、世界の基本的あり方は「こうでなくても矛盾はしない」ことに気づいた。しかし、どうしてもなぜ「こう」であってほかではないのか、を説明しなければならない。そこで、彼は神がそう選択したからだ、という答えを用意したのです。神の選択ですから、経験を超えるのであり、われわれ人間が変えられないのであり、結局は「理性の真理」と同じ効果をもつというわけです。

しかし、一九世紀に至り、フレーゲやラッセルあるいはフッサール以降、こうした方法を遮断することによって、もっとドライな論理主義・数学主義・物理主義・科学主義が誕生します。その極限形態が二〇世紀のはじめにウィーンを中心に一大ムーヴメントを展開した論理実証主義者たちです。彼らは形而上学を敵視し、すべての哲学的言語を、数学や理論物理学の言語のような普遍的かつ厳密な言語に書きかえねばならないと主張する。彼らは、こう主張することによって、無意味な言語群から成る形而上学（すなわち哲学の大部分）を抹殺したいのです。

このことによって、これまで最も重要と考えられた哲学の問い「いかにしてよく生きるべきか？」「世界はあるのか？」「私はいるのか？」「私は死ぬとどうなるのか？」「善いとは何か？」等々の問いが、無意味な問いの典型となる。とはいえ、これらの問い自体が無意味というわけではなく、それは宗教や文学や芸術や各人の実践によって答えられるべきであって、哲学の領域からは駆逐すべきものです。

じつは、私が哲学に誘惑（誘拐？）されたのは、――意外と思われる人も多いでしょうが――、こうしたムーヴメントを知ったからです。

大学に入ってすぐに私は生きる意味を失った、というより、大学受験という大義名分のもとに蓋をしていた問いが噴出して手がつけられなくなり、まさに私は「いかにしてよく生きるべきか？」「世界はあるのか？」「私はいるのか？」「私は死ぬとどうなるのか？」「善いとは何か？」という問いに引きずりまわされることになった。

そうしたとき、ふとわが国における論理実証主義入門の最初の成果とも言える『科学時代の哲学』（全三巻、培風館）にめぐり合い、まさに眼からうろこが落ちる思いをしました。私が引きずりまわされていた問いは無意味であることを知って、ああ、こうした問いが無意味ならどんなにいいだろうと思い、それを確証するために哲学をしたかった。

そのころ、東大駒場の教養学部内に教養学科という学科があること、そしてそこに科学史科学哲学分科というものがあることを知り、そこの主任教授が『科学時代の哲学』の中で最も魅力的な論文を書いていた大森荘蔵先生であることを知った。先に述べたように、私は大森先生に会いに行き、ついに法学部進学をあきらめて、哲学の「魔殿」に入ったのです。そして、まさにミイラ取りがミイラになり、そこから抜け出せなくなり、五二年が経過したというわけです。

かつては、誰も「私とは何か?」と問わなかった!

ロゴス中心主義とその批判を通じておわかりのように、哲学者が時代を超えた永遠不滅の真理を求めていると思ったら大間違い。ここでぜひとも言っておきたいことは、哲学の問いの立て方は、普遍的ではなく、時代によって大きく異なるということです。これを別の視点から言いなおせば、ある時代においては、問いの立て方がほぼ決まってしまうということ。しかも、この点には、哲学者のみならず日ごろ哲学とは無縁だと自覚している俗人も巻き込まれる。

こういうことです。現代日本において、多くの人は、「私とは何か?」という問いを哲学の基本的問いだと思っているでしょうが、ごく最近までこの問いはなかった。古代ギリシャ哲学者はソクラテス、プラトン、アリストテレスをはじめ、誰もこう問いかけなかったし、中世の哲学者もこう問わなかった。では、彼らは何を問うたのかというと、「魂とは何か?」です。身体をひっくるめた「私というあり方」ではなく、「魂」としての私のあり方、しかも、それが永遠不滅であることは前提されているので、それが「どこ」に行くのか、その行き先は、ハデスか、天国か、地獄か、それが問題でした。

ソクラテスの「汝自身を知れ」という有名な言葉も、「汝の魂が汚れないようにその世話をよくせよ」という意味であって、「私とはいったい何だろう?」という現在多くの青年たちが考える問いからは無限にかけ離れている。

一七世紀のデカルトは、「われ思う、ゆえにわれあり」と言ったことで有名なのですが、それでも彼は「(他人から区別される、この)私とは何か?」を問うているわけではなく、すべての人に共通な「私」というあり方を問うているだけなのです。

視点を変えると、デカルトからカントを経て、つい最近に至るまで、「他人とは何か?」という問いもなかった。ここで注意しておくと、「なぜ、私は他人の心(痛み)がわかるのか?」という問いであれ、「なぜ他人がいるのか?」という問いであれ、「なかった」ということです。

なお、前者のような問いを哲学専門用語では「認識論的問い」と言い、後者のような問いを「存在論的問い」と言います。そして、私たち現代人は前者の「いかにして〜は認識できるのか」という問いの意味はわかるのですが、後者の「なぜ〜があるのか？」という問いの意味がわからない。前者は科学の問いの形式であり、科学は「なぜ（why）？」という問いをすべて「いかにして（how）？」という問いの形式に変えて答えてしまう。

「なぜ夏は暑いのか？」という問いを、地軸の傾斜と太陽からの輻射熱の強さ、さらにわれわれの身体の皮膚感覚から大脳中枢が刺激されるまでの経過をたどって説明したあとで、「このようにして」暑いのだ、と語る。そして、これ以外に答えることは残っていないとみなすのです。

しかし、「なぜ、私は他人の痛みがわからないのか？」という問いを、以上と同じように処理しても、痛覚神経と大脳中枢の構造をたどるだけで、それ以上は出てこない。

このとき「なぜ、他人の大脳中枢を刺激するものを私は感じえないのか？」と問い、これに対して「それはもう説明しようのない事実だ」と答えるなら、この安直な答えは、問いそれ自体の放棄を意味していることがわかります。なぜなら、そもそも「なぜ、私は他人の痛みがわからないのか？」という問いは、「なぜ他人がいるのか？」というさらに根源的な問いに通じているからです。

この問題は次章以下で詳細に検討することにして、先の話題を続けますと、私たちがいま問うているような意味で「私とは何か？」とか「他人とは何か？」という問いが哲学の舞台に登場したのは、フッサールの現象学とハイデガー、サルトルなどの（いわゆる）実存哲学者たち、それにヴィトゲンシュタインやその近くにいた論理実証主義者たちからですから、じつに二〇世紀に入ってからなのです。

エピステーメの枠

では、なぜごく最近になって、私のあり方や他人のあり方が哲学者にとって問題になり、それ以前は問題ではなかったのか？ それは、（西洋に話を限りますと）、神が私も他人も含むこの全宇宙を創造したとすると、「私がある」ことと「他人があること」は（私には見通せなくとも）絶対に確実だからです。しかし、このお話の威力が揺らいでくると、「私はなくてもよかったはずだ」という問いが新たに浮上してくる。そして、サルトルに典型的ですが、自分が選択したのでもないのに生まれさせられた「不条理」を問題にするというわけです。

先に俗人もこの問いの出し方に巻き込まれる、と言いましたが、まさにそのとおりであり、現代日本では、中学生くらいから「ぼくは生まれなくてもよかったのに」とか「私は、なんで生まれてきたんだろう？」という問いを少なからぬ者が抱くようになる。しかし、ソクラテスも、プラトンも、デカルトも、カントも、ヘーゲルも……こうした問いをもっていなかったのです。

というわけで、七歳の私でさえ、じつのところ二〇世紀的思考の大枠の中で「ぼくは死ぬ」と問うていた。もし私が西洋中世に生まれていたら（やはり、ついこう言ってしまう）、「ぼくは死んで完全になくなるかもしれない」というような不謹慎な問いを出すはずがなく、「ぼくは天国に行けないかもしれない」という問いを立てて怯えたことでしょう。そして、それを知った（普通の）親は、こういう問題児に対して信仰を篤くもつことを教えたことでしょう。

いいでしょうか？「私」という言葉は、人称代名詞であり一人称であって、二人称である「あなた、きみ、汝」との関係において使用される。もちろん二〇世紀以前の哲学者たちにもこうした自覚はあったのですが、その場合、圧倒的に気になる二人称は（個々の人間ではなくて）「神」でした。

ヘーゲルよりちょっと前（一八世紀中葉）に生まれたフィヒテは、たしかに個々の私と個々の他者の成立を論じました。私の純粋な作用としての「事行（Tathandlung）」によって全存在は生じるのですが、それによって生じた個々の自由な他者からの「促し（Aufforderung）」によって、はじめて個々の自由な「私」は成立する。しかし、この思想は、あたかも私が全世界を創造する神の地位を受けもっているかのようだと批判されて（無神論論争）、フィヒテはこの思想を次第に神を前提にした自我論へと変更していきました。

また、キルケゴール（一八一三年〜一八五五年）は、「この私」にはじめて眼をつけた実存主義の開祖とも言われる哲学者ですが、彼にとって二人称は根源的に「神という他者」であったために、人間としての他者である「他人」はほとんど眼中になかったことに注目しなければならない。

こうした歴史からもわかるとおり、掛け値なしに「人間としての他者」が哲学の舞台に登場したのは、ニーチェに代表されるように、「神の死」を自覚し、神との関係を徹底的に「抹消する」ことを通じてです。このことにより、「私とは何か？」という問いは、キルケゴールのように、「神の前で『この私』であるとはいかなることか？」という問いから、サルトルのように、「他人のまなざしの前で『この私』であるとはいかなることか？」という問いに変容しました。

これに連関して、自然な流れとして、「私は痛くないのに、他人の痛み（の意味）がなぜわかるのだろう？」という「他人の心」に関する問いもまた浮上してくる。

二〇世紀以前には、誰もこういう仕方で「他人の心」を問題にしませんでした。もちろん私の周囲にはたくさんの他人がいて、私が痛くないときでも当人は痛く、しかも、その意味が私にはわかる、ということはみな知っていましたが、それは当然のことであり、誰もそこに哲学的難問を感じなかった。ちょうど、現代人が、万有引力が「ある」ことや三次元空間が「ある」ことは知っていますが、誰もここに哲学的問いを立てることがないように。

こうして、一般に、私たちが何ごとかを哲学的に問うとき、無意識のうちに前提にしている知の枠（フーコーにならって言うと「エピステーメ」の枠）があり、その枠内で説明が難しいこと、不思議なこと（だけ）を問うのです。ということは、哲学者の問いは、こうした枠を打ち破るほどの根源的な問いなのではなく、むしろこうした枠を前提し、こうした枠を信じて疑わないからこそ出てくる問いだと言っていいでしょう。

では、現代の知の枠とは何か？　おおまかに言って、現代は科学（物理学）あるいは科学的方法に対する信仰が強く、これが知の枠の基礎をなしている。その場合、科学的方法によってとらえられそうもない「私の心」や「他人の心」、あるいは「意志の自由」や「言葉の意味」、さらには「存在」などが、「根源的問い」として哲学に残される。

よって、中学生にもなれば、いかなる俗人も、物が落下すること、自動車が動くことは不思議に思わないで、意志すると自分の足を自由に動かせることが不思議になり、脳が物質から成っていることは不思議に思わないで、その脳の中には「意識」の場所がないことを不思議に思う。電磁波が存在することは不思議に思わないで、それが瞳孔に入り、神経を通じて大脳中枢に至り「赤」という色が「見える」ことが不思議になる。

総じて物に関することは不思議ではなく、心に関することがすべて不思議になるのです。

かつての大問題

このことを考えるにあたって、(ふたたび西洋に話を限りますと)古代はさておき、キリスト教が四世紀に公認された後のアウグスチヌスの時代から、知の枠をなしていたのはもちろんキリスト教の教義でした。ですから、問いはすべてこの枠を壊さないで、この枠内で問われる。例えば、神が創造した全宇宙は「善いもの」であるはずなのに、「なぜ悪があるのか?」という問いに関して、膨大な思考が費やされました。

人間の自由と自然法則の必然性とをいかにして整合的に理解できるのかという問いも、

人間の自由意志と全知全能である神の意志とをいかにして整合的に理解できるのか、というかたちの問いをベースにしている。

全知全能の神は、すべての出来事を予知できるはずですから、人間が悪をなそうと意志するとき、それも完全に見抜いているはずです。とすると、人間がその意志に基づいて悪を実現してしまうとき、神が悪の実現をあえて妨げない意味を問わねばならない。神は全善であるゆえに、みずから悪をなすわけがない。としても、人間による悪の実現を予知しても妨げないのですから、神は人間を通して間接的に世界に悪が生じることを許していることになる、これをどう解釈するべきか？

最もラディカルな解答は、スピノザのものでしょう。彼は、完全に人間の自由を否定します。人間は、自分が自由であるかのように（何ごとかを選べるかのように）思い込んでいるだけであり、じつはすべてが神によって決定されている。それは、あたかも石が自由意志で落下していると思い込んでいるようなものだというわけです（こうした想定における愚かな石を「スピノザの石」と呼びます）。

しかし、人間の自由を限定的に認めながらも、神の全知全能を否定しない方向も探究されてきた。その代表格はアウグスチヌスです。

アウグスチヌスによると、悪は「ない」のであり、したがって悪をなす自由も「ない」のです。悪は欠如態（privatio）、すなわち不完全な人間の眼に映る影のようなものであり、人間はある角度からしか物体（例えば樹）を見ることができないゆえに、樹の影を見てしまう。しかし、完全な神はあらゆる角度から一挙に対象を見ることができるゆえに、神の眼（？）には樹の影は見えないのです。

キルケゴールも似たような解答を出しています。神は人間が絶望に陥りうるように人間を創造した。絶望に陥りうることは、人間しかない特質なのだから、最も善いこと（優れたこと）である。しかし、現に絶望することは最も悪いこと（悲惨なこと）である。よって、単なる絶望の可能性を創造した神には悪に対する責任はなく、可能性から現実性へと転換した人間に、悪に対する全責任があるというのです。

以上の問題には、神が完全であるなら、すべてのことができるはずだ、だが神が悪をなすことができないとすると、神は不完全なのではないか、というもう一つの問いが絡み合っている。これを解決するには、アウグスチヌスのように、「悪はない」とするほかない。すなわち、悪の総量はゼロなのですから、神が悪をなすことができなくともまったく神の完全性が減じることはない、というわけです。

デカルトはもう少しひねった解答を出しています。彼によれば、神は悪を思考することはできるけれど意志（実行）はしない。神は、善悪すべてのことを思考することができるけれど、善いことのみをする、これが、ほんとうに完全であることだ、というわけです。同じくデカルトは大真面目で「なぜ、われわれは間違えるのか？」と問いました（「間違えること」も悪の一種です）。

たしかに、何かをしっかり学んでも、試験されると、思わぬ間違いをしでかすことがある、それは、想像力が知性を妨げるからでしょう。しかし、大秀才であったデカルトが問うていることは、もっとラディカルであって、なぜ多くの人はそもそも（丁寧に説明されても）幾何学が理解できないのか、ということです。人間は理性的なはずですから、多くの人が理性的な学問（例えば幾何学）を理解できないことが、大難問になってしまうのです。

どうでしょうか？　一〇〇〇年を超えて、とびきりの俊才たちが「なぜ悪があるのか?」という難問に悩み、それに答えることを一生の課題にしてきたのですが、ほとんどの現代日本人は、こうした問いに悩むことはないでしょう。

ここに科学と哲学との違いがあるようです。アリストテレスの自然学によると、月上界と月下界とは、まったく異なった世界であり、前者の高級な世界では完全な運動である円運動が実現されているのですが、後者の低級な世界では、直線運動や放物線運動などのさまざまな不完全な運動が生じている。

この両世界を「貫通する」運動法則が「ある」ことなどそれまで誰も想像もしなかったのですが、ニュートンは、この知の枠を打ち破って万有引力を発見した。天体の運動とリンゴの落下とは同じ力の現われなのです。クーンはこれを「パラダイム変換」と呼び、科学の歴史は天才たちが既存の知の枠を破り続けた歴史だと主張します。

これはわかりやすい。しかし、哲学の歴史は科学史上のパラダイムよりはるかに大きな「神」や「理性」や「人間」や「言語」という知の枠をめぐる戦いであって、全貌がつかみにくい。科学史上のパラダイム変換はすっと頭に入ってくるし、科学史はそのまま発展史の相貌を示しているのに対して、哲学上の知の枠、およびその変化はなかなかその様子が見えにくく、理解するのにたいそう骨が折れるのです。

心身問題

とはいえ、過去のある時から現在までもちこたえている問題も少なくない。そのうち、現代の俗人でも比較的わかりやすいものは、「心身問題（mind-body-problem）でしょう。

これは、デカルト以来哲学的問題の中心に躍り出たもので、「物質（物体）」というあり方と「心」というあり方は、互いにまったく異なっていて、その関係はわからない、というものです。具体的には、大脳という物質の「なか」に心が住んでいる感じはするものの、その「どこ」にも発見できない、しかも、その心は私（だけ）には端的に感じられるけれど他人には感じられない、物質的なもののあり方とはまるで違うこうした心のあり方の不思議さです。

しかし、たったいま言ったように、この問いは、「物質」というあり方を疑うことなく、むしろそれを前提して、それと異なった「心」というあり方に疑問を抱くというかたちになっている。よって、二〇世紀になって登場した分析哲学者たちに典型的ですが、物質を消すことはできないので、そのあり方と両立しない心を消去しようとやっきになる。それは、言葉がひき起こす幻想だという方向に無理やりもっていく。つまり、心身問題は言葉の混乱がひき起こす問題であり、その混乱を整頓すれば解決できるとみなすのです。

それにもさまざまなヴァリエーションがあって、ライルは心と物質が異なったあり方をしていることを認めながらも、デカルトのように両者を互いに還元できない実体と考えるのは「カテゴリー間違い」だとする。クリケットの試合を観戦しながら、「チーム精神はどこにあるのだ?」と問うようなものだというのです。

「チーム精神」が各選手の「うち」に宿っているわけではなく、その「うえ」あるいは「あいだ」に漂っているわけではなく、それは、ただ各選手たちのラグビーに対する態度を一般名詞で表しただけのものである。「チーム精神」とは、ただの言葉上の存在であり、それに呼応する何らかの実体がどこかにあると考えるのは「カテゴリー」を間違えたのです。言いかえれば、概念の対象には、「どこかにある」ものと「どこにもない」

ものがあり、すべての概念の対象が「どこかにある」と考えることが間違いだということです。

これは、なかなかうまい解決に見えますが、いつも他の例にもっていって説明する分析哲学の手法に用心しなければならない。というのも、ふつうわれわれはクリケットを観戦しながら「チーム精神はどこにあるのだ？」という疑問を抱くことはない。しかし「私の心はどこにあるのだ？」という疑問は抱くからです。

同じライルの見解ですが、彼は「ディスポジション（disposition）」という概念をもち込むことによって、物と心との境界を突破しようとする。「ディスポジション」とは「傾向性」とでも訳すことができ、あるものXに関して、その固有の性質（傾向性）D_1がいまだ実現していないときに、それをXに帰属させる語り方です。

いま縮んでいるゴムひもは、「引っ張れば延びる」のですから「伸縮性」というディスポジションを有しているのであり、いま固形である角砂糖は「お湯に入れれば溶解する」のですから「溶解性」というディスポジションを有している。同じように、いま平静であるAさんはある刺激を与えるとすぐに怒るから、「怒りっぽい」というディスポジションを有しているのであり、Bさんはある条件のもとではすぐに泣くから「涙もろい」というディスポジションを有している。「ディスポジション」という概念をもち込めば物も心も変わりない、というわけです。

しかし、まさにこれこそがライルの「論理的行動主義」の限界であり、この理論では、自他の心の差異がまったく考慮されていない。すべてが、他者の心の問題だけとなっていて、「現に感じている」という私の心のあり方が見事に削ぎ落とされている。よって、ライルは心をめぐる問題の本丸には突入していないと言わざるをえません。

これと異なり、エイヤーやカルナップやライヘンバッハなどの初期分析哲学者（いわゆる論理実証主義者）たちは心の言語を完全に物質の言語に還元できる、あるいは両者の差異をなくす統一言語を樹立できると考えていましたが、その後八〇年以上経っても、この試みは少しの発展も見せない（どころか、かえってますます難問を生み出していく）。この方向に展望はなさそうです。

また、ごく少数ですが、バークレィのように、物質を完全に否定し、それを「幻想」とみなす哲学者もいる。じつは心しか存在しないわけであり、いわゆるスピリチュアリズムや過激なクリスチャンもそうです。このすぐそばに、物質と心は同一なのだ（心身同一説）、という方向で解決をめざす哲学者もいる。

ここでは立ち入ることはできませんが、ラッセルの「中性的一元論」も、大森荘蔵の「立ち現われ一元論」もここに入ります。西田幾多郎の初期の「純粋経験論」は、心のほうに重点を置いた心身同一説と言っていいでしょう。あるいはメルロ＝ポンティのように、物質と心との両方の住処である「身体」に注目して、身体という一つの根源的なものから物質と心という異種の二つの方向に枝分かれした、というかたちで解決を求める者もいる。

肯定的関係と否定的関係

読者諸賢はそろそろ飽きてきたと思いますから、このあたりで諸学説の紹介はやめましょう。そして、あらためて「哲学する」とはいかなることか、想い起こしてみましょう。以上の「どれか」が完全に正しいと思ったら、もう哲学は続けられません。それでも哲学を続ける（つもりになる）とすれば、残された仕事は、その学説の解説に一生を費やすことくらいでしょうね。私は、といえば、ご想像通り、どの説明を読んでも、聞いても、基本的に何の解決も提示していないと思っている。私たちは、やはりごく自然に物質と心という異なった二つのあり方を認めているし、私たちの使う言葉を反省してみても、物質に関する言葉と心に関する言葉ははっきり分かれていて、重なり合っていないからです。

では、解決はできないのか？　いや、できそうなのです。スピノザの汎神論は、心身平行論の最も単純な原型ですが、延長も思惟も一つの神の属性とみなす。これに典型的であるように、心身二元論を提唱する哲学者は、物質と心をそれぞれ何か「肯定的なもの」とみなし、さらに両者の関係を肯定的関係とみなしている。

しかし、心を「否定的なもの」とみなし、両者の関係を否定的関係とみなす道もあるのではないか？　これはヘーゲルが示唆している道ですが、私は目下（この数年）この方向に豊かな展望があると思っています。ヘーゲルがストレートにそう語っているわけではないのですが、『大論理学』の「本質論」の「規定的反省」の箇所をじっくりと読むと、そこに登場してくる「自己自身との否定的関係」という概念を心身問題にうまく「活用」することができるように思われてくる。

すなわち「心」とは「物質ではない」というあり方をしているのであり、よって両者の関係は互いに「～ではない」という否定的関係である。しかも、重要なことに、それにもかかわらず、これは自己関係なのであり、すなわち両者の関係は、「否定的自己関係」なのです。ここでは、こう仄めかすにとどめて、その具体的な活用法は第6章（「私は『ある』のか？」）において詳論することにしましょう。

哲学すること

この章の最後に、「哲学する（philosophieren）」とはこういうことだ、ということを確認することにしましょう。

（天才以外が）真に哲学することは思いのほか大変であって、それは二つの要素からなっている。その一つは、自分の体内深くまで根を張る「問い」を手放さないこと、そしてそれを執念深く育て上げることです。その問いとは、それを手放すなら、生きていても仕方がないと思うほどの問いであり、その問いを解決すること以外のすべてが与えられても満足しないだろうと思うほどの問いです。

ここで、プラトンの『ソクラテスの弁明』をちょっと覗いてみましょう。ソクラテスは、青年を堕落させたこととアテナイの神を敬わなかったという二つの罪状によって告訴される。その弁明の中で、ソクラテスは、哲学を辞めれば放免してもらえるという仮定を立てたうえで（そういう可能性もあったようです）、次のように言い放ちます。

私が息をし、そうし続けることができる限り、私は哲学し、皆さんに訴えかけ、皆さんのうちのだれに会おうと、そのつど常々私が口にしていることを言って自分の考えを明らかにすることをけっしてやめないでしょう。

（『ソクラテスの弁明・クリトン』田中享英訳、講談社学術文庫、Ｐ49）

こうした「硬直した」態度のゆえにソクラテスは市民たちの反感を買い、死刑判決を受けるのですが、まさにこれこそ哲学者の鑑、キリスト教の殉教者と同じ心構えと言っていいでしょう。しかし、はっきり言って、こうした心構えをもっているだけでは、哲学を続けることはふつうできない。

第二に、できるだけ多くの過去の学説を学び、それを吟味し検討し、かつ、どれも自分の問いに答えてはくれない、という実感が必要なのです。

急いで付け加えると、ここに二つの落とし穴が開いている。一つは、そう思い込みたいばかりに、過去の偉大な哲学説を茶化し、せせら笑い、はじめから学ぼうとしない態度。もう一つは、これとまったく逆に、過去の哲学説に完全に屈服しているのに、なお自分はプラトンの専門家として、カントの専門家として哲学しているつもりになること。後者は、現代では哲学専門家集団に受け容れられやすいゆえに（仕事もあり、就職先もあり、報われることが多い）、ますます危険です。

とはいえ、こうした極端な姿勢のみではなく、ほとんどの哲学者は、何ほどかの問いを抱えつつ、何ほどかの諦めをもって、哲学者集団の中で自分に与えられたわずかな土地を耕して、わずかな「新味」を出しつつ哲学を続けているというのが実情でしょう。

第2章　「無」というあり方

神なき人間の惨めさ

理性を文字通り信じていない（現代の）哲学者が（現代の）俗人に最も訴えたいことは——もちろん理性主義とは別の意味なのですが——、言葉のもっている恐るべき威力です。

俗人は、ありとあらゆる科学者も含めて、世界はほぼ見た通りに「ある」と思い込んでいる。時間が一次元に延びていて、空間が上下・左右・前後に延びていて、そこにさまざまな物体が「あり」、その物体には、色、形、重さなど、さまざまな性質がついていて、そのうちの独特の物体が人間の身体であり、そのうちのさらに独特のものが私の身体であって、そのうちに私はいわば住んでいる。だいたい、こう思っている。

これを「実在」ないし、「実在世界」と呼ぶことにしましょう。もちろん、この実在世界はどこまでも厳密に探究することができ、視野を拡大していけば、宇宙の果てまでに達し、縮小していけば素粒子にまで至る。パスカルの言うように、私が〈いま・ここ〉で見ている世界は、そのごく一部であり、四五七億光年という広大な世界と一ミリメートルの何億分の一以下の微細な世界とのちょうど中間に位置する。
話の展開上、ここで有名な「考える葦」の箇所を引用してみましょう。

人間はひとくきの葦にすぎない。自然のなかで最も弱いものである。だが、それは考える葦である。彼をおしつぶすために、宇宙全体が武装するには及ばない。蒸気や一滴の水でも彼を殺すのに十分である。だが、たとい宇宙が彼をおしつぶしても、人間は彼を殺すものより尊いだろう。なぜなら、彼は自分が死ぬことと、宇宙の自分に対する優勢とを知っているからである。宇宙は何も知らない。

（『パンセI』前田陽一・由木康訳、中公クラシックス、P248～P249）

高校の教科書にも採用されているこの文章は、どうもわが国では、まさにパスカルが全身をもって反対したデカルト主義（理性主義ないし主知主義）のように解釈されているのではないか、と懸念されます。すなわち、人間は宇宙の中で葦のようにはかないものであるけれども、「考える」という高度な能力によって、「考えない」宇宙全体よりも勝っている、というように。

しかし、問題は何を考えるかであって、よく読めばわかるように、宇宙の法則を考えることでもなく、人間精神の秘密を考えることでもなく、数学的問題を考えることでもない。自分が「死すべきはかない存在であること」を考えることです。この一点を正確にとらえないと、パスカルの真意を理解したことにはならない。よって、例えば、小林秀雄の解釈はパスカルのポイントをとらえているようでいて、そのじつ大きく的を外しています。

パスカルは、人間は恰も脆弱な葦が考へる様に考へねばならぬと言つたのである。人間に考へるといふ能力があるお蔭で、人間が葦でなくなる筈はない。従つて、考へを進めて行くにつれて、人間がだんだん葦でなくなつて来る様な気がしてくる、さういふ考え方は、全く不正であり、愚鈍である、パスカルはさう言つたのだ。

（「パスカルの『パンセ』について」、小林秀雄全集第七巻、新潮社、P265～P266）

パスカルは「人間は恰も脆弱な葦が考へる様に考へねばならぬ」と言ったのではない。人間の思考力は葦のように貧弱であるけれども、その劣った思考力で考えるところに人間の偉大さがある、と言っているのではなく、人間は自分が死すべきものであること、言いかえれば（『パンセ』第二章のタイトルでもある）「神なき人間の惨めさ」を考えるゆえに、それを考えない全宇宙より偉大だと言っているのです。

現在の科学主義に染まった俗人たちは、パスカルのように考えることはなく、ごく自然に科学的知識を信頼し、この実在世界には、（いまだ完全には解明されていないとしても）統一的な法則があって、その世界内部のあらゆるものは、私の身体の内部も含めてその法則に従っていると考えていることでしょう。

現代の（科学者を中心とする）俗人たちは、「実在世界」とは科学が記述する世界であることを微塵も疑うことはなく、その世界は、私たちが住む太陽系が位置する銀河系を包み込む宇宙の果てから素粒子の内部まで覆っていて、世界中の科学者たちはこの世界が「いかにあるか」を解明し続けていると信じ込んでいます。

しかし、これから何百年経っても、何千年経っても、科学者たちは私たちが住んでいるこの世界を解明できないでしょう。というのは、彼らは原理的に、客観的に実在するもの、すなわち対象的に知覚され他の諸現象と整合的に説明されうるもの、あるいは空間や時間など（こういう意味で）客観的に実在するものと密接に関係して登場するもの、その意味で「ある」ものしか扱えないからです。

それにもかかわらず、現代の科学者のみならず、現代の俗人の大部分は、こうした実在世界を「信じ」、世界、人間、そして自分自身がいかに「無」に満たされているかを自覚していない。ニーチェによれば、こういう状態こそ、ニヒリズムの極限形態なのです。

永遠回帰

ニーチェはパスカルを愛読していましたが、彼は、「永遠回帰(die ewige Wiederkunft)」という言葉によって、積極的ニヒリズムを提唱します。それは、いかなる希望を与えるものでもなく、この宇宙においても、人類史においても、個々の人生においても「無意味なものが永遠に回帰する」という事実をそのまま認めよ、ということに尽きる。そこに「そうは言っても、生きやすくするためには、さしあたり意味（価値・目標）を定めて」というゴマカシをもち込んではならないということです。

不思議なことに、パスカルは熱狂的クリスチャンであり、ニーチェは徹底的なアンチクリスト（キリスト教の否定者・告発者）ですが、その「深層構造」は恐るべく似ている。すなわち、パスカルの言いたいことはただ一点、「神なき人間の惨めさ」であり、いかに全世界を知ったとしても、道徳的生活に邁進したとしても、美的創造に全霊を捧げたとしても、神を信じていなければ虚しいではないか、ということ。

そして、まさにニーチェは、神が死んだいまとなっては、（もしわれわれ人間が誠実に生きようとするなら）神なき人間の惨めさから瞬時も眼を離さず、それを抱えて生きるほかないという結論に至ったのです。

ニーチェははっきり自覚していますが、ニヒリズムは「この世」を否定して「あの世」を求めるというキリスト教（あるいはこれとしっかり手を携えていたプラトニズム）から世界に侵入してきたのであり、近来その二〇〇〇年のゴマカシが暴露されることにより、ただニヒリズムが顕在化しただけなのです。哲学史的には有名なこの事実も、こうした思想的レベルを超えて哲学的レベルでとらえなおすと、神の死によって、人間はおのれの「無」を自覚したということであり、もしそうなら、愛知者（哲学者）は、それをまっすぐ見つめるしかないということでしょう。

つまり、永遠回帰は、さしあたり神に代わる「救い」を与えるものではないのですが、「無意味なものが永遠に回帰する」という事実をゴマカシなく見据えて哲学し続ける限り、このことからの解放（自由）という「まったく新しい境地」に至る、ということ以上ではない。その境地をニーチェは「超人（Übermensch）」と呼ぶのですが、それには各人が各人なりに実践して到達するしかないのです。

ハイデガーは西洋哲学二〇〇〇年の歴史は、「存在忘却」の歴史だとみなしましたが、それは、かいつまんで言うと、古代ギリシャのプラトン、アリストテレス以降、哲学は神や数や三角形や物体や魂や美などさまざまな仕方で「あるもの＝存在者（Seiendes）」にのみ注意を向け、こうした「存在者」を存在させている「存在（Sein）」を無視してきたというわけです。ですから、ハイデガーにとって形而上学の第一の問いは、次のものです。

なぜ一体、存在者があるのか、そして、むしろ無があるのでないのか?

(『形而上学入門』川原栄峰訳、平凡社ライブラリー、p11)

こう言うと、たちまち西洋哲学は二〇〇〇年にわたって「根拠」を失ってきたと解釈しがちですが(そう言うハイデガー学者もいますが)、断じてそうではない。すべてはニーチェの視点から見なければならない。すなわち、存在忘却の歴史とは、西洋哲学が(そしてそこから進化したあらゆる科学も)ずっとさまざまな「あるもの=存在者」にのみ注意を向けて、「無」に注意を向けなかった、ということにほかならない。ハイデガーは、次のように言っています。

以上で既に「そして、むしろ無があるのでないのか?」というのが本来の問いに対する蛇足でなくて、この言いまわしはあの疑問文全体の本質的要素であり、したがっ

てこの文全体は単に、なぜ一体、存在者があるのか？　とだけ問う問いが意味するのとは全く違った問いを言い表わしているということがいっそう明らかになった。

（同書、p55～p56）

ハイデガーは回りくどい説明を重ねてこう結論づけるのですが、その枝葉を取り除くと、存在の秘密は「存在者がある」という命題と同様、いやそれ以上に「無がある」という命題のうちに隠されている、ということ。存在論が存在者に限定されてならないのはなぜか？　存在は存在者のみならず、いかなる存在者でもない「無」（あるいは否定的なもの）をも存在させるからです。こういう観点から見なおせば、西洋哲学が二〇〇〇年にわたって「無」を忘却してきたことも納得できるでしょう。

「無」の起源

科学が示す実在世界には、「無」あるいは「否定的なもの」が、一切登場してこないのですが、私たちが住んでいるこの世界は無に充たされている。私は「もう若くはない」のであり、ヘブライ語は「知らない」のであり、車は「もっていない」のであり、両親は「もういない」のであり、ちっとも「幸せではない」のです。こう言うと、俗人の皆さんは、すぐに、それはただの「言葉の問題」であって、実在とは関係ないと思うでしょうが、（哲学者である）私は、じつは言葉の問題を離れて実在は解明されない、言葉の問題こそ実在の問題だ、と言いたいのです。

近代哲学に限っても、多くの哲学者たちが無の起源を探究し提案してきました。そのうち最も簡単であり、はっきり言って哲学的にレベルの低いものは、新カント派と呼ばれている人たちの提案であって、無の起源は「否定判断」にあるという見解です。これは、存在の起源は肯定判断であるという見解とパラレルであり、存在も無もその起源は判断であり、判断する主体は意識ということになります。

新カント派は一九世紀の中ごろまで（とくにドイツで）隆盛を誇っていたヘーゲル主義への対抗意識をもって発生したものです。「さらばカントに戻らねばならない！」というオットー・リープマンのスローガンは有名ですが、それは神でさえ概念的に把握されうるというヘーゲルの（悪しき）形而上学的哲学に対する反発であった。すなわち、

「カントに戻る」といっても、じつはカント自身に戻るのではなく、カント哲学を「科学の基礎づけ」と読み替えたうえで、それに戻らねばならない、という発想です。

こうした近代哲学の根底には、「主観・客観図式」すなわち、意識と世界という図式が不動のものとしてあり、主観（意識）が客観（世界）に作用を及ぼすことにより森羅万象が成立し、それ以前には何もないことになる。言いかえれば、すべての認識は主観のなす判断によって生まれるのであり、主観が「Xがある」という肯定判断をすることによって、はじめてXは存在するのであり、主観が「Xがない」という否定判断をすることによって、はじめてXは存在しないのです。

これに対して、サルトルは、存在と無を対等にせず両者の重みを変えました。

サルトルによると、私たち人間は、なるほど存在の区切り方（「犬」や「猫」あるいは「空間」や「時間」など）を私たちの関心に沿って決めていきますが、存在自体を創造したわけではない、存在自体は（神ではないにしてもXによって）私たちに与えられている。しかし、無は人間が言語によって世界に現出させたものです。

「ここに一匹の犬がいる」という肯定的言明と「ここに一匹の（一匹も）犬がいない」

という否定的言明は身分を異にし、前者は後者から独立に成立しているのに対して、後者は前者に依存している。「一匹の犬」という言葉の意味がわからない人には「一匹の犬がいない」という文章の意味もわからない。

ここまではいいとしても、ここからサルトルは、やや屁理屈的理論を打ち立て、彼は否定的言明の根拠（源泉）を人間の行為にもっていこうとするのです。

私はピエールとある喫茶店で待ち合わせたのですが、ぐるりと見渡してもピエールの姿は見かけない。このとき、私はあらゆる客に「ピエールではない」という意味を付与し（第一の無化〈néantisation〉）、次にそこに「無のピエール」を現出させる（第二の無化）。しかし、このとき、ほかの客たちにとって「無のピエール」が生じているわけではない。無化という行為を遂行しつつある私にとって「ある」だけです。

そこに息せき切ってピエールが現われたとしましょう。他の客たちは彼が私と待ち合わせていたピエールであることは知らないでしょうが、そこに（名前をつける前の）一定の存在者を認めています。こういう事例を挙げて、サルトルは、「人間存在（これをサルトルは「対自（pour soi）」と呼ぶ）が世界に無を到来させる」と言う。

では、人間存在（対自）はなぜこのようなアクロバティックなことができるのか？それは、「私は私ではないところのものである（je suis ce que je ne suis pas）」というかたちで、私はみずからの存在のうちにもともと「無」を蔵しているからです。これを、サルトルの意図に反して平たく言えば、「無」はわれわれ人間（としての有機体）が言語を習得し意識存在（対自）になるとともに世界に入ってくる、ということでしょう。

言いかえれば、人間存在（対自）とは言語を学んだことによって、世界に無をばらまくものなのです。

概念は言葉の上だけの存在ではない

こうしたサルトルの人間中心的無の思想は、ヘーゲルの概念中心的無の思想を批判したものです。ヘーゲルは、無の源泉は概念のうちにこそあるとして、われわれは「無」自身をとらえることはできず、われわれがとらえることのできる「無」は「無という名の有」すなわち、概念において「ある」ものにすぎないとしました。ヘーゲルにとっては、こうした「無という名の有」こそ「ほんとうの無」だということです。

私は五〇年間哲学に関わってきましたが、そして、さまざまな大学で約二〇年間、「哲学塾」とその前身である「無用塾」を合わせて約一六年間、全部で約三六年間、哲学者の卵たちと俗人たちに哲学を教えてきましたが、その経験上こうしたヘーゲルの考えが最もわかってもらえない。

俗人は、概念を言葉の上だけの存在とみなし、さらに言葉の上でのみ「ある」ものを程度の低い存在、「ほんとうにある」ものではなく、ただの想像物とみなしがちです。では、ほんとうにあるものとは何か？　それは、実際に知覚されるもの、とくに触覚的にとらえられるものなのです。

しかし、こうした俗っぽい考えは、長い西洋哲学の歴史においては、むしろ少数派であって、やっと三五〇年ほど前に出てきたものにすぎない。その代表的哲学者は、ロックでありヒュームですが、こうした考え方を広い意味での「経験論」と呼びます。この伝統は、カントにも受け継がれ、その後新カント派にも受け継がれてきましたが、最近の代表選手は（論理実証主義を含む）分析哲学だと言っていいでしょう。

眼前の知覚できるもの、観察できるものを「実在するもの」の典型とすることは、いまではごく自然に思われますが、じつは哲学という独特の分野においては、多数派は、むしろヘーゲルのように、概念において「ある」ものこそ、ほんとうにあるものだ、とみなしてきたのです。

二重の否定

では、無の起源が概念にあるとはいかなることでしょうか？

ここで、ごく単純な文章（判断）を取り上げてみましょう（以下、やや冗長なので、途中まで読んで退屈な人は次の小見出しまで飛ばして構いません）。

（1a）「これは犬である」

（2a）「これは犬ではない」

（1a）は肯定文、（2a）は否定文です。しかし、じつは（1a）の中にも否定的事態は潜んでいる。「これ」とは眼前のこの物であり、それは、「犬」という一般名詞で表すことのできる限りのものではない。この特定の犬だからです。ということは、「これは犬である」という肯定文の中にも、じつは独特の否定が含まれていることになる。主語の「これ」は、さまざまな固有の性質をもった特定の犬であって、述語の表現する「犬（一般）」ではないからこそ、「犬である」のです。

こうした肯定文の中に含まれる否定を、（固い言葉ですが）「言語外的否定」と呼ぶことにしましょう。これに対して、「これは犬ではない」という否定文の中に含まれる否定を「言語内的否定」と呼ぶことにします。すると、文章（判断）によって、世界は否定に充たされることになる。とりわけ、後者の言語内的否定は言語で表現できますが、前者の言語外的否定は言語で表現できないという厄介な性質をもっている。哲学の難問のほとんどが、まさに「ここ」に帰着するようです。

「これは犬である」という肯定的判断に隠されている言語外的否定は、たしかに根源的否定ですが、それでも「これは犬である」という肯定文によってはじめて世界に出現するものだと言いたい。ヴィトゲンシュタイン的に言えば、言語上の肯定性が語られるときに、すでにそこに言語外的否定性が示されているのです。

ここで、視点を変えてみます。

（1b）「これは犬である」
（2b）「これは犬である」

じつは（1b）の場合における「これ」と（2b）の場面における「これ」とは別の個体を指しているのですが、両者の区別は、この文章には表現されていない。しかし、発話者S_1が「これは犬である」と指す現場に聞き手S_2が居合わせれば、S_1は「これ」と語りながら別々の犬を指差しているのですから、すぐわかります。話し言葉では両者の区別が示されるのに、書き言葉にすると表現されないというわけです。

そこで、（1b）における「これ」を「これ①」、（2b）における「これ」を「これ②」と表記することにしましょう。

（1c）「これ①は犬である」
（2c）「これ②は犬である」

こう書き直すと、「これ①」と「これ②」が「犬」である限りは同一のものですが、それ以外では互いに差異のあることがわかります。このように、判断とともに真と偽が世界に入ってくるのですが、同時に「無」も世界に入ってくる。いや、私たちが自覚的に判断しなくても、世界におけるある対象を「Aとして」見る限り、そこに同時に「Bでも、Cでも、Dでも……ない」という無も成立しているのです。

このことを知っていながら、科学はあたかも無がないかのような世界を描写する。その典型例として、物理学は私たちに世界が見える仕方とは異なり、函数表示すなわちその変数にそのつど一定の値を代入するという表示を採用する。その表示においては、物体である限りの対象が三次元空間座標系における変数x、y、zにそれぞれ一定の数を代入すれば決まる場所に位置する。

そして、これに加えてまさに客観的時間が導入されることによって、あらゆる対象は「もうない」という意味を失い、客観的時間の他の場所に移行しただけとみなされる。この記述においては「これ」も「犬」も消えていて、単なる物体である限りの物体しか登場してこない。

私たちが「これは犬ではない」とか、「この犬は健康ではない」とか「この部屋には犬がいない」とか「この部屋には犬がもういない」という否定的言明を伴う判断をやめない限り、物理学における函数表示と否定的言明を含む日常言語との翻訳規則が必要ですが、それを見いだすのは、至難の業、まずは不可能だと言っていいでしょう。

カルナップなどの論理実証主義者が、日常言語（哲学言語）を物理学言語に翻訳することを試みましたが、観察によって真偽を決定することが可能な原子命題（検証可能命題）を合成して複雑な命題を形成するという仕方では、日常言語に深く浸透している否定をとらえることはできない。そうである限り、この翻訳は成功しないのです。

こうした物理学の方法は、さらに私たちの身体の中にまで、神経系や大脳の内部にまで侵入し、そこにおける物質の変化を描出することによって、心の状態をも決めるということになる。ここでは、「痛み」をとりあげてみましょう。

（1d）「これは痛みである」

（2d）「これは痛みである」

まず、同じ言語主体S_1が別々の時間にこう判断するとき、いままでと同じ議論ができます。「これ」すなわちこの独特の痛みは痛み一般ではないのですから、「これ」と「痛み」とのあいだにはやはり言語外的否定が成立している。そして、（1d）と（2d）においては、「これ」の内容が異なり、よって「これ」と「痛み」とのあいだの言語外的否定のあり方も異なるのですが、それは表されていない。そこで、次のように書きかえれば、「犬」の場合と同様、両者の差異を表すことができます。

（1e）「これ①は痛みである」

（2e）「これ②は痛みである」

次に、（1e）と（2e）との判断主体が異なるとしましょう。

S_1が「これ①」を主語に立てて「これ①は痛みである」と判断し、S_2が「これ②」を主語に立てて「これ②は痛みである」と判断するのです。この場合、S_2は「これ①」を体験できず、S_1は「これ②」を体験できないのだから、また第三者S_3も「これ①」と「これ②」を体験に基づいて比較できないのだから、この命題の真偽は確定できないように思われる。しかし、そうではないのです。S_1は「これ①」を固有の言語外的否定を介して「痛み」と結びつけて（1e）のように判断し、S_2もまた「これ②」を固有の言語外的否定を介して「痛み」と結びつけて（2e）のように判断する。たしかに、互いにあるいは第三者も「これ①」と「これ②」との差異性を認識できないでしょう。

しかし、じつはそれは「犬」の場合でもまったく同じなのであり、突きつめれば互いに何を見ているのかわからないし、第三者S_3も両者が同じものを見ているか否かを判定できない。しかし、それにもかかわらず、S_1もS_2もS_3も、（1e）と（2e）の意味を了解している事実から出発しなければならない。

言語を学ぶとは、判断を学ぶことであり、それは、〈いま・ここ〉で生じている「これ」を（言語外的に）否定して「犬」「痛み」という一般名詞に結びつけることを学ぶことなのです。しかもその場合、自分のうちではたらいている言語外的否定を自覚していないように、他人においてはたらいている言語外的否定も自覚していない。そして、ごく自然に（1e）の意味も（2e）の意味も了解してしまう。これがすなわち言語を学ぶことなのです。

自己自身との否定的関係

以上の「言語外的否定」の話は、俗人にはとっつきにくかったかもしれません。ここで、俗人にもとっつきやすいように、無の問題を心身問題に限定して考えてみましょう。先にも言いましたが、哲学者たちは心身の特別な関係をさまざまに処理しようとして理論を積み上げてきました。

デカルトのように心と身体（物体）を二つの異なった実体（それ自身としてあるも

の）とすると、両者を関係づけるには、「神」のような何でもできる超能力者をもち出さない限り、不可解となる。といって、もともと両者は「一」であるとすると、その「一」からどのようにしてまったく異なった心と物質が生じたのかわからなくなる。物理学的客観世界を実在とみなすとき、意識作用にはこれとまったく異なった「実在No2」という席を確保するか、それとも「無」という席を確保するか、二者択一となる。

前者がデカルト、スピノザ、ライプニッツなど「（大陸）合理論」と呼ばれる立場であって、知覚より概念を重視する立場と言いかえていいでしょう。

この考えは、古代ギリシャ哲学からあります。魂は物理学的客観的世界に組み込まれないほどの「高級な本性」をもっているのであって、この世において、われわれ人間はたまたま身体に閉じ込められているのですが、死とは身体から解き放されてさらに豊かに生きることなのだ、というわけです。

こうしたモデルがキリスト教と結びついて西洋哲学の主流をなしてきましたが、これを文字通り受け取ることにも、現代日本人のほとんどは抵抗があるのではないでしょうか？　とすると、後者の「無」を選択するしかないのか？　しかし、これほどありありと感じられる意識作用を単なる「無」と呼ぶのにも抵抗がある。とすると、ここが終着点であり、どんなに技巧を凝らしても、このアポリア（行きづまり）を打ち破ることはできないように思われます。

しかし、ここに一つだけ残された解決法がある。それは、第1章の最後にも触れた通り、「心（魂）」と「身体（物体）」との関係を、自己自身との関係でありかつ否定的関係、すなわちまさにヘーゲルの言うように、自己自身との否定的関係とみなすことです。

このテーマは第6章で立ち入って考察しますが、第1章では、ただその「門口」を示しただけですので、ここでもう少し実態を紹介しておきましょう。

有機体S_1の身体K_1とその心S_1との関係は、「内的関係」ですが、この場合の「内的」とはもちろん空間的なものではない。そうではなく、自己自身との関係なのです。

ある有機体S_1が他者Xから自分の体内に言語を注入されると、S_1は言語的主体S_1（すなわち「私」）になるわけですが、これを成立したS_1の側から見ると、S_1はK_1以外の身体を選べなかったという意味で、K_1とは内的関係（必然的関係）にある。とはいえ、K_1とS_1（「私」）とは、前者はいわゆる「身体＝物体」であり、後者はいわゆる「心」ですから、互いにあり方がまったく異なっている。こうした二面性をもった内的関係こそ、自己自身との否定的関係なのです。

自己自身との否定的関係に関して、サルトルは卓抜な例を挙げている。

ここに弱く卑劣な男Mがいるとしましょう。Mは「勇気のある男」になりたいと渇望している。それは単にMの希望ないし願望に留まらず、まさにMが全身全霊をかけて目指すものです。しかし、Mがそれを目指すことができるのは、さしあたり彼が勇気のない男だからでしょう。では、「勇気のある男」はMとは無関係な存在なのかと言えばそうではなく、まさにそれはMの否定的な自己自身なのです。これを考えるのに、同じように勇気のない男Nを登場させましょう。しかし、Nは自分に勇気がないことをいささかも卑下しておらず、日ごろ気楽に「俺は勇気がない」と語っている。

さて、MもNも字面では同じ勇気がない男なのですが、真の否定とはNのように単に自分の属性として勇気を消去することではなく、まさにMのように、それを目指すというかたちで、それ（勇気）との濃厚な否定的関係にあるような否定だというのが、サルトルの論点です。

このことは「勇気」というような私の属性のみならず、「私」というあり方そのものに適用できるように思います。有機体S_1が言語を習得してS_1という言語的主体（すなわち「私」）になると、S_1は自分の身体K_1を自分ではないものとして了解するのですが、この否定は、S_1が他の身体群K_2、K_3、K_4……ではない、という否定とは画然と異なっている。すなわち、S_1がその身体K_1に言語を注入されると、言語的主体S_1になるのですが、S_1はその固有の身体K_1を自己自身との否定的関係にあるものとしてとらえるということです。

　こうした「自己自身との否定的関係」こそが、本書の要を成す思想であり、ここにこそ「私が死ぬこと」を当然視しない突破口が開かれている。それは、第6章で詳論しますが、理解してもらうのは相当難しいだろうという予感がするので、こうして何度も「準備体操」を試みているのです。

　最後にちょっと付言しておきますと、ラカンは有機体S_1を欲望の主体と表示し、それが言語を習得すると、みずからを否定して$\not S$（エスバレ）になるとしました。もちろん、こうした過程が各有機体に自覚されるわけではなく、S_1がみずから言語の主体として$\not S$

であることを自覚することをもって、それ以前のS_1を承認する。

しかし、やはりすべては逆ではないでしょうか？　否定はすべて言語のレベルで生じるのであって、有機体S_1が言語を習得すると、みずからの身体をあらためて「私のもの」しかも言語的主体としての「私」の否定性としてとらえるのではないでしょうか？

第3章　過去・未来は「ある」のか？

過去への運動？

「無」について考える最もいい「教材」は時間です。

ごくすなおに考えて、過去は「もうない」のだし、未来は「まだない」。そして、刻々と現在が過去になり、未来が現在になるのだとすると、私たちは刻々と新たな「もうない」と「まだない」に囲まれている、まさに無に囲まれているのです。どっしりと存在しているように思われた客観的実在世界とは、じつは絶えず生成し消滅するだけのはかないものではないのか？

ここで、俗人あるいは俗人度の高い人には、それにもかかわらず、なぜか私たちは、過去も未来も「ある」とごく自然に思い込んでいる、という事実に注目してもらいたい。そして、客観的実在的に「ある」世界が「もうない」過去と「まだない」未来といかなる関係にあるのか、と問うてもらいたい。すると、まったくわからないということがわかるでしょう。

過去がまったくないこと、世界から完全に消え去ったことを承認しない人に尋ねますが、では、その過去は「どこに」あるのでしょうか？

過去の事象E_1が〈いま〉この宇宙のどこかに現在の事象と並んであるとは言えないし、各人の大脳の「なか」にあるとも言えない。そこで、窮余の策として、「過去という場所にある」と答える以外ないことに気づくでしょう。そのとき、無意識のうちに客観的時間という直線時間モデルを取り入れていて、E_1が、みずからのあり方を保持したまま、客観的時間上を連続的に過去へと滑っていくとみなす。こうして、E_1はこの世が続く限り客観的時間における「固有の場所にある」というわけです。こう露骨に書くと、全体がなんとも荒唐無稽なお伽噺のように思われてくるのではないでしょうか？

だいたい、E_1が、どうして時間上を「運動する」ことができるのでしょうか？　その速度とはどのくらいであり、その運動量はどのくらいなのでしょうか？　それは、等速なのかそれとも加速度を有しているのか？　こう問うと、過去への運動は物理的運動に必要な条件を何一つとしてもっていないことに気づく。では、それは物理的運動ではないとすると、どのような運動なのか？　あえて答えれば、それは世界外的空間における世界の運動なのです。

わかりやすくするために私たちが住んでいるこの世界を二次元、すなわち長細い歴史年表のようなものとみなします。この年表という長細い紙が、世界外的空間（床）の上を一定速度で運動するのです。現在の位置は世界外的空間（床）に関して、刻々と変化するのですが、世界内部における各事象の総体的時間関係は一切変化しない。床に線を引いてその線を現在とみなし、その線の左側は歴史年表にびっしり事象が書き込まれていますが、その線の右側はまったくの白紙です。

そして、時間が経つにつれてこの歴史年表という紙をその線から徐々に左の方向にずらしながら、白紙の部分に新たな事象を次々に書き加える。時間の運動とは、あえて譬えればこんなものでしょうか？　とすると、これは、私たちが知っている世界内部の運動ではないでしょう。

マクタガートの議論

ここで、有名なマクタガートの議論をとりあげてみましょう。

マクタガートは、過去・現在・未来という時間系列をA系列と呼び、t_1、t_2、t_3……という物理学的・客観的時間系列をB系列と呼ぶ。そして、両者は矛盾すると考える。というのは、A系列とB系列を合わせると、ある事象（ないし出来事）、例えば「広島上空に原爆が投下される」（これを以下E_1とします）は一九四五年八月六日のことですが、これをt_2とすると、E_1は、一九四五年八月五日（t_1）においては、未来であり、まさに八月六日（t_2）においては現在であり、八月七日（t_3）においては過去になる。ここまではいいでしょう。

けれども、過去・現在・未来はそれぞれ排他的（過去は現在ではなく、現在は未来ではない等々）なので、それがE_1の性質だとすると、あるものが互いに排他的な性質をもつことはありえないから、E_1（という一つの出来事）が過去であり、現在であり、未来であることは矛盾となる。ちょうど、原爆がt_2において広島上空に投下され、かつ東京上空に投下されたことが矛盾であるように。では、現在・過去・未来がE_1の性質ではないとすると何なのでしょうか？　それがわからないのです。

いいでしょうか？　銀杏の葉が春（t_1）には薄緑、夏（t_2）には濃い緑、秋（t_3）には黄色という性質をもつことは矛盾ではない。一つの銀杏の葉が時間とともに変化することはごく普通のことです。しかし、似ているようで全然違うのは、一つのE_1が八月五日（t_1）には未来であり、八月六日（t_2）には現在であり、八月七日（t_3）には過去だということ。これは、E_1が未来→現在→過去という変化をしたのではない。E_1は全然変化せず、ただその未来、現在、過去という時間性格が変わったのです。

こう言いかえてもいいでしょう。一つの銀杏の葉っぱの色の変化においては、色（性質）は変化しても「葉っぱ」という一つのもの（古典的には「実体」と呼ばれる）は保たれる。しかし、「広島上空に原爆が投下された」という出来事の場合は、E_1は八月五日にはまるごと「まだない」のであり、八月六日には「ある」のであり、八月七日には「もうない」のであって、これらを通じて「広島上空に原爆が投下された」という一つのことが保たれているわけではない。「まだない」と「ある」と「もうない」とをつなぐものは何もないはずです。それを「広島上空に原爆が落とされる」という文章で表される何かが保たれるというのは錯覚でしょう。

では、過去、現在、未来という時間性格は、出来事の性格ではなく時間の性格として客観的時間t_1、t_2、t_3に翻訳できるかというと、できないどころか、それと両立しない。すべての時点（t_1、t_2、t_3……）は（可能的に）過去であり、現在であり、未来であるのですから。

こうして、過去、現在、未来という時間性格は客観的時間、すなわち世界の客観的記述と矛盾することになる。しかし、過去・現在・未来という時間性格を幻覚あるいは妄想として切り捨てることはできない。まさにこれこそわれわれが知っている時間および時間的あり方なのですから。そこで、マクタガートは、困り果てたあげくに（？）「（内部に矛盾を含むので）時間は実在しない」という結論を導き出したのです。

マクタガートの議論はもっと精緻ですが、この議論の中に踏み入って反論するより前に、私はこの議論の前提を成すピクチャーを受け容れることができない。未来・現在・過去を「時間列車」の各車両のようにみなすその基本姿勢に反発を覚えるということです。こうした考えは根強く、アリストテレス以来あります。議論をわかりやすくするために、「現在」に「今日」を代入してみましょう。

「今日」は運動しません。運動するとしたら「二〇一八年八月一日」が運動するのであって、それも先ほど示したように、世界のうちで運動するのではなく世界全体が「世界外的空間」のうちで運動するのです。ということは、ただ「運動」という言葉を使った架空の運動（らしきもの）というわけです。ちなみに、ハデスへの運動も、天国への運動も、西方浄土への運動も、こうした「運動（らしきもの）」にすぎないでしょう。

以上を補足したうえで、（読者諸賢は奇妙に思うかもしれないけれど）私はマクタガートの結論には賛成します。

まず、確認しておくと、マクタガートは「実在性」をB系列（客観的時間）における自己同一的なものとみなしている。よって、当然のことながら、この実在性を保証する客観的時間しか実在せず、未来・現在・過去は実在しない、ということになる。しかし、未来・現在・過去という根源的あり方の差異を含まない客観的時間は時間ではない（ただの空間です）。ゆえに、A系列を無視してB系列だけを時間とみなすわけにはいかないと考える。すなわち、あらかじめ実在性にA系列に基づいた意味を与えて、自己同一的な客観的世界およびその中の自己同一的な事象（出来事）のほうが実在しない、という選択をしてもいいのですが、マクタガートはこの選択から退却するのです。

しかし、私は自己同一的な客観的世界およびその中の自己同一的な事象（出来事）の実在性が成立しなくても構わないと考える。

二〇一八年八月二〇日の正午に私がなしていることをE_1とします。時間が経って二〇一八年八月二二日の正午にはE_1は「私がなしたこと」になりますが、これをE_2とします。このとき、E_1とE_2は同じ出来事を現在形と過去形で表現したものだという了解が通常なのですが、まったく異なった二つの出来事と言ってもいっこうに構わないのではないか？

なぜなら、過去が「もうない」のではなく「まったくない」ことを承認する限り、二〇一八年八月二〇日において、E_1は「ある」のですが、二〇一八年八月二二日にはE_1は「ない」のであって、E_2はそのなさを語っているとすると、「ある」と「ない」とのあいだにはいかなる同一性も成り立たないからです。

過去の実在性を保証するもの①　想起

たしかに、私たちは過去を架空の世界（例えば、グリム童話の世界）から単純に区別している。グリム童話に登場する赤頭巾ちゃんは、この実在世界に属してないのですが、私が一一年前に哲学塾を開いたことは、「あった」というあり方でこの世界に属している。両者の違いはどこにあるのか？　こう問うと、「もうない」過去が「あった」というかたちで「ある」ことを保証する二つの条件が成立していることに気づく。一つは想起であり、もう一つは証拠です。

想起から見ていきましょう。

例えば、私が昨日、北極上空を飛んでいたこと、すなわち、成田空港からヘルシンキ行きのフィンランド航空に乗り込み、ヘルシンキ到着の少し前に眼前のモニター上で、飛行機の形をした影が世界地図の上の北極近くを飛んでいるのを見たのですが、そのこと（E_1と名づけましょう）をいま思い出しているとします。このことは、普通、「昨日は知覚的にとらえていたE_1を〈いま〉想起的にとらえている」とみなされていますが、ここにこそ客観的世界への入り口が開けていて、この構図を受け容れてしまったら、もうそこに吸い込まれるほかない。

よって、「客観的・実在世界」という魔殿に吸い込まれないためには、この構図をきっぱり拒否しなければならない。「この構図」をもう一度言いかえてみますと、「私は、同じE_1を、昨日は知覚的にとらえていたが、いまは想起的にとらえている」ということ。すなわち、これは、E_1は、知覚的にとらえられようと想起的にとらえられようと、それ自体として自己同一的なものとして「ある」という構図にほかなりません。

これを認めた瞬間に、客観的時間が忍び寄ってきて、E_1をt_1（二〇一八年八月二二日午後四時）からt_2（二〇一八年八月二三日午後四時）に滑らせていく。E_1は、客観的時間上をt_1からt_2へと移行しただけであって、その内容はまったく変わっていない。これを言いかえると、E_1はt_1においては現在であり、t_2においては過去になっただけであって、その内容はまったく変わっていない、ということになる。

この構図は、あまりにも当然なものとして私たちに迫ってきますので、これに吸い込まれないためには、相当の反発力が必要になる。

まず反省してみるに、先ほども論じましたが、「過去への運動」という概念がさっぱりわからない。この運動の方程式もなく実験もできないとすると、これはただ知覚の対象でもあり想起の対象でもあるもの、すなわち現在に「ある」と過去に「ある」（あった）との差異以外はすべて同一である自己同一的なものE_1、E_2、E_3……から世界は成り立っている、という信念を維持するための装置にすぎないことがわかってくる。とすると、この信念の根を掘り起こして、ほかの根をもってくると不合理が生ずることが少なく、かつ同等の説明能力があることを示せば、この根を放棄していいことになる。本章の試みは、まさにこのことを遂行することです。

大森荘蔵の「立ち現われ一元論」とその修正

ここで再確認しておくと、この世界にはE_1、E_2、E_3…という自己同一的なものが一切なくても、あらゆる物理学の法則と矛盾しないということです。

考えてみますと、物理学にはア・プリオリに（必然的かつ普遍的に）自己同一的なものは登場してこないのであって、地球も原子も電子も素粒子も、相対的に（便宜上）自己同一的なものにすぎない。日常的に命題の形式で出来事を語る場合に戻ると、ふつう想起とは過去の再現とみなされていますが、このことを完全に拒否することもできる。

私は昨日「私が北極上空を飛んでいた」こと（E_1）を〈いま〉想起していますが、この想起体験は、E_1という昨日の知覚的体験とはまったく関係がない、とみなすこともできる。私は〈いま〉あらたに、あたかも昨日「私が北極上空を飛んでいた」かのような想起的意味をこの体験に付与しているのです。この一点をしっかり押さえておきさえすれば、客観的実在世界に吸い込まれることはないでしょう。

大森荘蔵は、晩年に至って、それまでの「立ち現われ一元論」を大きく修正して「過去の制作論」を展開しました。「立ち現われ一元論」とは、私が想起するたびごとに、過去の事象E_1が〈いま〉立ち現われるという見解ですが、その場合E_1がいったん過去という場所に後退し、私が〈いま〉想起すると、E_1が「そこから」立ち現われるわけではない。そうではなくて、〈いま〉E_1が立ち現われることが、E_1が過去の事象であることにほかならないのです。

注意すべきことに、大森は、ここでいわゆる独我論をとっていて、大森の世界には「私しかいない」。しかし、「私」とは他者との連関によって意味づけられる言葉ですから、大森の世界には通常の「私」は登場して来ない。すなわち、「私しかいない」ということは、通常の意味では「私もいない」ということなのです。こうして、X＝私（独我論的世界における「私」をこう表記する）が想起することと過去が立ち現われることは、ぴったり重なり合うのです。

とはいえ、やはりこの構図では「過去から」立ち現われるという意味は保持されている。過去の事象E_1、E_2、E_3……が立ち現われるたびごとに、そこから立ち現われる客観的時間が前提されている。しかし、やがて大森はこの不徹底に気づき、〈いま〉X＝私が過去を制作するという見解に大転回していくのです。

ここに至って、大森は、過去の事象は、「過去から」立ち現われているのではなく、〈いま〉X＝私が意味づけているにすぎないということに気づき、ここから客観的時間がそこを貫いている客観的実在世界それ自体が、〈いま〉X＝私が意味付与しているものにすぎないことに気づくようになる。しかし、大森はここでたぶん世界崩壊を予感し、

「奈落が見えてきた」と呟いてこの地点から撤退してしまう。しかし、私はこの奈落をどんどん突き進めばいいと思っている。世界が徹底的に「無」であることを自覚することによって、ある種の救いが見えてくるように思われます(が、これは第7章のテーマです)。

過去の実在性を保証するもの② 証拠

次に、想起と並んで過去の実在性を保証するものとして「証拠」が挙げられます。

昔は写真くらいしかなかったのですが、いまや、音声、映像、動画……によって保存された過去のもので溢れている。しかし、それでも想起の場合と同様に、眼前の動画が「過去の」動画であるとはいかなることか、と問うことはできます。

いま、私はヒトラーが大群衆を前に絶叫して演説しているDVDを見ているのですが、私はそれが、約八〇年前の光景であることを知っている。しかし、それは物理学的にはどう考えても〈いま〉生じている光の束にすぎない。すなわち、〈いま〉動画画面から

〈いま〉電磁波や疎密波が瞳孔ないし鼓膜を撃ち、それが神経経路を通って〈いま〉大脳に達しているというルートだけであって、「そこに」同時に八〇年前の物質が登場しているわけはないのです。

この光景を八〇年前に撮ったことは確かではないか、と思われるかもしれませんが、せいぜいその八〇年前に撮った動画の「形式」がずっと保持されてきて、やがてその「形式」を刻印したDVDの作成に至り、（DVDも刻々と古びますから）〈いま〉新たな物質に保存されているその「形式」を私は見ている、と言えるだけでしょう。しかし、じつはこう言うこともできない。このとき、やはり八〇年前から〈いま〉まで自己同一的な「形式」が「ある」ことを認めているからです。

八〇年前の世界は完全に消滅したとすると、「形式」であろうと、それが〈いま〉まで自己同一性を保って「ある」ことはない。「形式」が次々に湧き出る新たな物質に「伝播する」という語り方も、（いかにして「形式」が次々に伝播するのかを語れないのですから）単なる説明のための説明にすぎない。実相は、〈いま〉次々に湧き出す物質に、その「形式」すなわち「八〇年前のヒトラーの演説」という意味を私が「与えている」だけなのです。DVDを形成する物質も隅々まで〈いま〉あるだけなのであって、その「なか」に過去は入っていない。ただ、私が（ほかの知識によって）「そこに八〇年前の事象が刻印されている」という意味を与えているだけなのです。

　こうして、想起をもってこようと証拠をもってこようと、〈いま〉いかなるかたちにせよ過去が現在と並んで「ある」のではないことは確かでしょう。

　先の例に戻ると、私が昨日「北極上空を飛んでいた」こと（E_1）は〈いま〉完全にこの世界から消滅しているのであって、私は〈いま〉E_1があたかもあったかのように想起的意味を付与するだけなのです。この説明方式は、E_1が客観的時間上をt_0からt_1へと「運動していった」のですが、それにもかかわらず、〈いま〉私はその過去の時点に「ある」E_1を呼び起こしている・取り戻している・再現している……という空想的説明方式よりずっと説得的ではないでしょうか？

　同様に、そのとき窓から撮ったオーロラの写真を〈いま〉私がスマホの画面で眺めている場合、その画面はすみずみまで現在であって過去を一滴も含まず、ただその複雑な光の色彩模様に〈いま〉「昨日、北極上空で撮ったオーロラ」という意味を付与しているだけなのです。

しかし、こうした見解に対して、大きく二つの反論が提示されるように思われます。一つは、そうすると、自己同一的なものがなくなってしまい、同じ北極、同じオーロラ、同じ飛行機ではなくなり、隣にいる妻も同じ妻ではなくなってしまう、これはいかにも不自然だ、という反論です。これに対して、この自己同一性が便宜上のものであることと、それがとても役に立ち、あたかも実在的であるように「見える」ということは両立する、と言っておきましょう。というのも、私たちが言語を習得すると、まさに世界がさまざまな自己同一的なものから成っているかのように、それらが時間を通じて持続しているかのように見えてしまうからです。

日本も東京もどれほど変化しても自己同一的であるかのように見える。私の仕事部屋も、そこにある夥しい物体も、私の身体も、パソコンの画面上に次々に打ち出すそれぞれの文字も……少しずつ変化している（古びていく）ことは知りながら、ごく自然に自己同一的であるかのように見えてしまうのです。

また、これと密接に関連するもう一つの反論は、何度そう聞いても、どうしても昨日の知覚体験そのものを〈いま〉想起しているように「感じられる」というものです。

一般に「感じ」は、どんなにそれに反論しても、「感じなくなる」まではその反論を受け容れないという独特の強さをもっている。これは、とくにヒュームが洞察したことですが、どんなに「現在において過去に関わっている」ということが不合理だと論じても、「過去がある」という感じがする、あるいは「想起において過去を再現している」感じがする、という人の信念を覆すことはできません。

想起と知覚との絶対的違い

さらに具体的に考えてみましょう。昨夜「私が赤ワインを飲んだ」こと(E_1)は、たしかに「あった」のですが、E_1がそのまま客観的時間上を移行して(滑っていって)同じ客観的実在世界の「なか」に〈いま〉と異なる時間位置を有して実在しているわけではない。E_1はまさに〈いま〉「あった」という言葉の意味としてあるだけなのです。そのE_1自体はあとかたもなく世界から消えているのであって、〈いま〉でも依然としてt_1

という位置に「ある」わけではない。

こう考えると知覚も同じであって、電磁波や疎密波の「なか」に赤や丸やゴツゴツした肌触りが「ある」わけではなく、これらは、やはり「そと」から意味付与されたもの、それに私が拘束されて意味付与するものです。

私は〈いま〉赤ワインを飲んでいるのですが、「赤」を「白」と意味づけることはできず、「ワイン」を「ウィスキー」と意味づけることはできず「飲んでいる」を「食べている」と意味づけることはできない。言語を学んでしまうと、私にはこうした一定の仕方で意味付与された世界しか開かれてこない。その意味を変えることができることはわかっていても、現にそう「見えてしまう」のです。

このように、想起の場合も知覚の場合も、物質の中に意味はなく、意味は私が（一定の拘束のもとに）物質に付与するのですが、とはいえ両者のあいだには決定的差異がある。それは、想起の場合、それを支えるいかなる物理作用もないのですが、知覚の場合には、電磁波や疎密波や舌からの神経作用など、確かな作用がはたらいているということです。よって、想起は言葉の意味にすぎないのに対して、知覚は言葉の意味以上のもの、すなわち実在に関わることによって実在的なのです。

両者がこれほど異なっているのに、なぜ似たものとみなされるのか?　それは、(現象学に典型的ですが)想起や知覚を研究するときに、言葉によって表現された事態が前面に出てきて、「私が赤ワインを飲む」と「私が赤ワインを飲んだ」とは、同一の事態E_1を現在形と過去形で表現しただけとみなすからです。

言いかえれば、E_1を知覚的にとらえるか想起的にとらえるかの違いだけだとみなしてしまい、両者の場合アクセスの仕方が違うだけであって、E_1自身は、こうしたアクセスに依存しない自己同一的な何かとみなしてしまうのです。

次章の問題ですが、これが「自由」という難問をこじ開ける鍵を提供する。

私たちは、一方で、世界にはすでに一定の意味が付着していることを知っていて、それを受け容れるのですが、他方で、その意味は基本的に変えられることも知っている。これを行為の場面に限定すると、H_1という行為を実現するとき、「右手を上げる」という記述を受け容れざるをえないということを知っているのですが、H_1を「左手を上げる」とか「手を上げない」と記述してもいっこうに差し支えがないことも知っている、ということです。

しかし、これも言語を習得したあとで、意図的に「反逆」するのですから、実感に即して意味付与していないことは確かでしょう。以上によって、ひとまず過去の実在性に関する議論を終えることにします。

未来は「どこから来る」のか?

過去の実在性を破壊することに比べれば、未来の実在性を破壊することは「赤子の手をひねる」ようなもの、わざわざ論じるまでもないほど簡単なことです。

じつのところ、私はずっと前から未来の実在性に対して疑問を抱いていた。未来が「ある」と言っても、その内容を探ってみるに、「まだない」ということにすぎない。せいぜい「明日になればある」ということであり、それを信じることでしかない。ここで、未来と過去との違いに注目すると、それは歴然としていて、未来には、過去の実在性を支える(かに見える)想起と証拠が皆無であること、ただこれまでのデータに基づいた予測があるだけだということです。

未来は単に「ない」だけなのですが、あえて「まだない」と語る理由は、これまで未来は例外なく「来た」のだから、まだない未来も「来るだろう」、という単純な帰納法に基づいているだけです。すなわち、未来を「まだない」と語る人はすでに、過去を規準に語っているのであって、過去を否定すれば、こう語れないはずでしょう。しかし、過去の場合は違うのです。過去を「もうない」と語る人は、未来から独立に、現在と過去との関係だけからこう語れるのであって、ここにも過去と未来との大きな違いが認められます。

キリスト教は終末論を認めていますが、これをあえて単純化して語ると、神は任意のときに世界を終焉させることができる、しかもそれがいつなのかは人間には知られていない、とまとめられる。これを普遍化すると、（神と呼ばなくても）何らかの超能力者Xの意図により、世界は「これまで」であり、未来は生じなくてもいいことになります。しかし、過去を消すことはできない。神といえどもすでに創造した世界をまるごと「なかった」ことにできないでしょう。

以上のことを言いかえれば、未来について私たちは「過去における未来」しか知らないということ。「これまで通りにこれからもある」という信念は、まさに「これまで通りにこれからもあった」からにすぎません。これは、屁理屈ではなく、キリスト教の終末論は、まさに世界が何の前ぶれもなく終焉してしまうことを未来のあり方の基本としている。パウロまでの原始キリスト教は、すぐにでも（一〇年後にでも）世界は終焉し最後の審判が下されること、すなわち、天国と地獄に行く人々が分けられることを信じ期待していたのですが、その後大部分のクリスチャンは「すぐ」ではないにしても、「いずれ」最後の審判が下されると信じているのです。

そして、あの合理的なデカルトさえ、「連続的創造（creatio continua）」という思想を堅持していた。

この世は、じつは神が刻々と創造し刻々と消去しているのですが、愚かなわれわれ人間の眼には一つの世界が過去から未来まで何十億年も続いているように見えるだけなのです。ということは、あるとき神が何らかの理由で創造の手を緩めたら（創造したくなくなったら）この世は終わりだということ。こうした説は現代の俗人にはお伽噺のように聞こえるかもしれませんが、そうではなく、あらゆる物理学理論とも矛盾しません。物理学のあらゆる理論は、まったく世界の存続を保証しない。そのすべての理論のデータは原理的に過去から取っただけなのですから、未来にも適用されるかどうかは、そのときになってみなければわからないのです。

これは「帰納法問題」と言って、現代の科学哲学のテーマでもあり、私が法学部進学をあきらめ、教養学部教養学科の科哲に入って最初の大森先生の「演習」のテーマはこの問題でした。哲学者とはこんなことを考えているんだ、と知ったときの驚きは口には言い表せないほどです。

私は大森先生に（名誉なことに）「哲学病」患者というお墨付きをいただいていましたが、この話をはじめて聞いたときは、次の瞬間に世界が崩れてしまうのではないか、このまま家に帰れないのではないか、と思うほど心配しました。そして、その後五〇年余り世界は続いているのですが（もちろん「もうない」という仕方で）、いまでもこの根拠（原因）はわからないと思っている。世界は何の根拠もなく続いているのですから、やはり次の瞬間に崩壊しても構わないのです。

未来は「どこ」からも来ないのは当たり前であって、世界には、電車の車庫のようにまだ来ない未来を入れておく場所などないからです。未来とは永遠に「まだ来ない」というあり方をしているだけなのですが（来たら現在になってしまいますから）、そのことから私たちは「運動の比喩」によって、E_1がまだ来ないのなら、「E_1はいまどこかにあるはずだ」と思い込んでしまう。「どこ」とは場所ですが、時間は空間ではなく、時間における出来事E_1は電車のような運動する物体ではないにもかかわらず、それを混同して、電車がいまここから数キロ離れた車庫にあるように、E_1はいまから数時間先の「未来という場所」にあると思い込んでしまうのです。

このおかしさを多くの俗人はわかってくれるのですが、問題は、それでも未来の出来事が「どこからか来る」という感じは完全に払拭されず、これが言語を習得した者の運命とも言うべきものなのでしょう。そして、ここから哲学あるいは宗教が始まる。

私たちを支配するこうした言語の威力を抹殺することこそ、多くの宗教の目標であり、その手段には座禅や黙想などもありますが、最も核心をなすのは、新しい言語（哲学言語）の習得である、と考えてもらえればいいでしょう。

新たなことが湧き出す不思議

しかし、これで未来についての考察が完了したのではなく、「未来」という言葉によって「過去における未来」ではない、本来の未来の「あり方」という問題が取り残されている。それは、ごく単純なことであり、だからこそ見過ごされやすいのですが、私たちが住んでいる世界は、時々刻々と新たなことが生じている（これをあえて「湧き出す」と印象深く表現してみましょう）という不思議さです。

私たちは、このことを知っていながら、眼を覚ましたとたんに昨日と似た世界が回りに広がっていると信じている。しかし、ちょっと考えてみればわかるように、その世界はただ昨日と「似ている」だけであって、まったく新しい世界なのです。言いかえれば、私はそのつど昨日と似た意味を周囲世界に意味付与しているだけであり、その結果、周囲世界は昨日と似た意味を獲得するのであって、厳密には私の身体をはじめとしてすべてのものが数時間だけ「古びている」はずであり、太陽の位置や地球の位置をはじめとして、物質の構造も配置も変わっているはずです。

昨日と完全に同じ世界にいるとしたら、私は動けないでしょうし、思考も知覚もできないでしょう。まさに、刻々と新たなことが湧き出しているからこそ、私はベッドから降りられるし、歩けるし、見えるし、聴こえるし、感じられるのです。

いいでしょうか？　例えばある振り子時計の一〇〇回目の運動と、一〇一回目の運動は（たとえ考えうる限り正確な反復運動でも）違っているはずです。そうでなければ、私は振り子の運動を一〇〇回、一〇一回……と数えることはできないでしょうから。こうして、毎朝、別の太陽が昇ってくるのであり、宇宙誕生以来生じたことがない新しい一日が始まるのであり、私は生まれてから一度も体験しなかったまったく新しい体験をするのです。

こうして、そのつど私たちは、「すべてが固定した、過去を普遍化した世界」と「まだ何ものも固定していない、未来を普遍化した世界」という二重の世界に生きている。この二重の世界はそれぞれあり方がまるで違っていて、両立不可能なのですが、おうおうにして過去世界モデルが未来をも侵食する。そして、私たちは、未来もまた未来完了的に、すなわち「終わればすべてが決定されてしまう」という視点で、過去化してとらえてしまう。同時に、時々刻々と新たなことが湧き出しているという恐るべき事実を忘れてしまうのです。

これを言いかえれば、本来的未来とは、過去を普遍化した客観的実在世界においては「無」なのですが、まさに「無」であるからこそ、客観的実在性とはまったく異なったあり方をしている、ということです。そして、このことは客観的実在世界において同じように「無」である「私」にもひそかに連関してくる（このことは、第6章で扱うことにしましょう）。

さらに、以上から容易に推測されるように、過去化された客観的実在世界から排斥された、新たなことが湧き出す極限としての「死」に関しては、こうした本来の未来の有する「無」のあり方をいかにしてとらえられるかが鍵となる。これこそが、第7章のテーマです。

第4章　〈いま〉は「ある」のか？

サルトルの『嘔吐』

前章で、過去も未来も実在しないことを論じましたが、では「現在」だけが実在するのか、と問えば、そう簡単ではなく、単純な「現在唯一主義」は破綻するように思われます。例えば、サルトルは『嘔吐』において、きわめて印象的に「現在」しかないことを次のように述べている。

周囲を私は不安気に眺めた。現在だけだ。現在以外のなにものもなかった。現在という殻に覆われた軽くてしっかりした家具類、机やベッドや鏡つき洋服箪笥――そして私自身。現在の真の性質が解明された。それは存在するものだった。そして現存しないものはすべて存在しなかった。過去は存在しなかった。少しも存在しなかった。事物の中にも私の思想の中にさえもそれは存在しなかった。たしかに久しい以前から、私の過去が自分から脱れ去ったことはわかっていた。しかしいままで、過去は私の手の届かないところに引込んだだけだと信じていたのである。私にとって過去は退職したものにすぎなかった。それは存在の別の仕方であり、長い休暇の状態、活動停止の状態だった。事件がそれぞれ役割を終えると、それはおとなしく箱の中に並んで収まり、名誉の称号のついた事件となった。それだけに、無を想像することは容易なことではない。いま私は知ったのだ。事物はまったくそれがそう見えるものであり、――そしてその〈背後〉には……なにもないということを。

（『嘔吐』白井浩司訳、人文書院、p156～p157）

サルトルは、「過去は存在しなかった。少しも存在しなかった。事物の中にも私の思想の中にさえもそれは存在しなかった」と語ることによって（彼は、なぜか「未来はない」とは言わない）、やはり過去との「否定的関係」を語っている。現在が過去とまったくの無関係であれば、「現在だけだ、過去は存在しなかった」とさえ言えないはずです。なぜなら、「過去」という言葉の意味がまったくのナンセンスであれば、それについて「存在しなかった」とさえ言えないはずだからです。

こうして、「現在だけしかない」という主張が哲学的に厳密な意味で成り立つためには、やや技巧的な操作が必要になる。すなわち、まさにサルトルがなしているように、過去の否定を介してそれを主張するしかないということです。言いかえれば、まず日常的な意味で過去を前提し理解したうえで、今度は哲学的な意味でその過去を否定する、という仕方で理解するしかない。

そのためには、具体的には、（普通の）「過去と現在がある」という主張と、「過去はない、現在しかない」という主張とが、説明能力において「等価」であることを示せばいいわけですが、サルトルはその最もめんどうな問題を跳び越している。それは、「無（としての過去）との関係」という問題です。

「さっき、この部屋にプードルがいた」

過去はまったくない、未来もまったくない、とすると、現在のみ「ある」と言えるのではないか、と俗人は思うかもしれませんが、そう単純にはいかない。というのは、現在は過去や未来との関係においてある時間性格なのであって、「過去と未来がまったくない」とすると、現在はいかにしても「まったくないもの」すなわち「無」と関係することはできないはずだからです。

まず、時間からは離れて、簡単な肯定文と否定文とを比べてみましょう。

(1f)「この部屋にはプードルがいる」
(2f)「この部屋にはプードルがいない」

先に見たように、(1f)と(2f)とは「反対」であるように見えますが、それは概念上でのことであって、この現実的知覚世界においては反対とも言えない。(1f)と(2f)が反対であるとき、(1f)と(2f)とに共通の「プードル」という主語は何を意味するのでしょうか?

それは「いる」ことも「いない」こともできる、いや「いる」と「いない」との区別以前のあるものであって、「いる」という述語をつけると「いる」ことになり、「いない」という述語をつけると「いない」ことになるあるものなのです。それは、概念としての「一匹のプードル」にすぎず、現実の世界におけるプードルのあり方とは大きく異なっています。

現実の世界においては、「この部屋にはプードルがいる」という事態は、（1f）の判断以前にすでに成立していて、（1f）の判断はそれを確認しているだけですが、（2f）の判断はそうではなく、（1f）の判断によって、はじめて世界に登場してくる。「プードルがいる」と「犬がいる」とは意味が異なり、「犬」という意味がわかっても「プードル」という意味がわからない人には「プードルがいない」という意味もわからないでしょうから。

よって、判断以前の世界を考慮に入れると、（1f）という判断によって表現される事態は（2f）という判断によって表現される事態と存在論的に（対等に）「反対」なのではなく、（2f）は以上の意味で（1f）に依存している。（1f）が成立しない限り、（2f）は成立しないのですが、（1f）は（2f）と独立に成立しているのです。

否定的事態の存在に関してはさまざまな見解がありますが、ここでは、およそサルトルやヴィトゲンシュタインの線に沿って、こう考えておきます。そのうえで言いたいことは、私たちが言語を習得すると、世界をこう見なくなるということです。そして、むしろ新カント派のように、肯定的事態と否定的事態とが対等であるかのように思われてくる。アリストテレスの古典論理学から現代の記号論理学まで、いわゆる形式論理学はそうなっており、Aの否定の否定はAと同じです。

時間論に戻る

以上の考察を踏まえて、時間論に戻ります。

現在は「もうない」過去と「まだない」未来とのあいだに「ある」のだと語ると、過去・現在・未来という時間の三様相はあたかも対等であるかのような感じがしてくる。しかし、「ない」と「ある」とが並列しうるわけがない。こういう並列関係が可能であるように見えるのは、時間を空間化し、すべてを空間において「ある」だけの世界に投影して、空間という一直線上に並べているからです。

こうして、現在である t_2 から見れば、t_1 は「もうない」のであり、t_3 は「まだない」

のですが、現在であるt_3から見れば、t_2は「もうない」のであり、現在であるt_1から見れば、t_2は「まだない」ということになって、過去・現在・未来が対等であるように見える。

ここで、ポイントは、私たちが言語を使って「もうない」とか「まだない」と語るとき、「まだないというあり方」ないし「もうないというあり方」へと自然に滑っていくということです。先の言葉を使えば、「否定的事態の存在」と言いかえていいでしょう。「この部屋にはプードルがいない」と語るとき「この部屋には否定的プードルがいる」と語りなおすことには躊躇しても、過去形を使って「この部屋にはプードルがいた」と語るとき、私たちはごく自然に「この部屋にはもはやプードルがいない」という否定的事態を直接とらえていると思い込んでしまう。

こうした過去形を使うとき、通常は次のように考えるのではないでしょうか？「この部屋にはプードルがいた」と語る人は知覚によって「いまこの部屋にプードルはいない」ことを確認し、同時に記憶によって、「さっきこの部屋にプードルがいた」ことも確認できる、と。こうして、「いまいない」否定的事態は、単なる無ではなくて

「さっきいた」という記憶（有）に裏づけられて、はっきりと確証される。こうして、いま私が「この部屋にはもうプードルがいない」と語ることによって、「無」としてのプードルと現在を関係づけることができるのは、それが客観的時間上において現在とは別の位置にあるとみなされているから、すなわち、その場合、過去におけるプードルは、まったくの無ではなく、客観的時間上の有とみなされているからなのです。

しかし、ここで、客観的時間を消去するとき（これが物理法則をいささかも変えずにできることは先に示しました）、「もうない」プードルは、完全な無となり、いかなる意味でも現在との関係をつけることができなくなる。ここに至って、さっきまでこの部屋にいたプードルは、あっという間にグリム童話の中の赤頭巾ちゃんと同じような、空想的存在者になってしまう。そして、私の提案は、まさにこれでいいのではないか、ということです。「さっきこの部屋にいた」プードルは（生きているとすれば）いまどこかにいるでしょうが、過去が消滅してしまった限り、「さっきの（状態の）プードル」はいまやはりどこにもいないはずですから。

こう説明すると、哲学者のみならず俗人もよくわかってくれるのですが、どうしても

「同一のプードル」が、さっきはこの部屋に「いた」けれどいまは「いない」という語り方に抵抗することができずに、その語り方に戻ってしまう。なぜなら、どんなに説明されても、すでにそのように世界を見てしまっているからでしょう。

カントは「自己同一性（実体）」のもつこうした強い拘束力に注目し、それを「カテゴリー」と呼び、私たちの「心＝意識」のうちにア・プリオリ（経験から独立）に具わっている形式とみなしました。こうしたものは他にもいろいろある。ある出来事E_1が起こったことを観察したり聞き知ったりすると、「なぜ（いかなる原因により）、E_1が起こったのか？」と問う仕方がそうであり、E_1が「（客観的な時間・空間の意味において）いつ・どこで起こったのか？」と問う仕方がそうです。

カントによれば、私たちは個々の対象G_1の特徴をとらえて記述する以前に、すでにこうしたカテゴリーや時間・空間の形式によってG_1を抉《えぐ》り出しているのであって、こうした水面下の操作を経て及第したものが私たちの経験の対象なのです。だから、「これはプードルだ」とか「さっき、この部屋にはプードルがいた」と語るとき、すでに私たちは時間・空間・自己同一性（実体）・因果律……という形式の支配下にあって、その条件の下に眼前のあるいは記憶におけるプードルをとらえているというわけです。

「現在」と〈いま〉の区別

ここで言葉の使用法を確認しておきます。今後、「現在」を過去と未来との固定的関係における時間性格（あとでわかります）を表す言葉として使用し、これに代えて、過去や未来との収縮的関係（これもすぐにわかります）における時間性格を〈いま〉と表記することにしましょう。

（1g）「この部屋には犬がいる」
（2g）「〈いま〉この部屋には犬がいる」

（1g）に〈いま〉をつけると何が変わるのか？ 客観的報告としては何も変わらない。ただ、〈いま〉という副詞をつける人は、さっきはそうではなかった、という否定的態度を含んで語っている。「さっきは、この部屋には犬がいなかったが、いまはいる」というわけです。あるいは「〈いま〉この部屋には犬がいない」と語る人も、「さっきは、この部屋には犬がいたが、〈いま〉はいない」と言いたいのです。

こうして見てくると、「いま」という副詞は、現在の状態をそのまま表すのではなく、過去との（場合によっては未来との）関係を表している。言いかえれば、発話者がどこまでを過去としどこまでを現在とするかを提案する言葉なのです。

こうして、「さあ、いま撃て！」という一瞬から、「地上でいま最も大きな動物はクジラです」という数百万年まで〈いま〉の長さは伸び縮みする。こうした考察によって、〈いま〉とは、適当な現在の長さ、すなわち一定の時間単位に翻訳できるようなものではないことがわかるでしょう。

しかし、〈いま〉は、それを発する状況においては自明な長さであり、その前が「過去」であり、その後が「未来」であるという構造に変わりがないゆえに、時間単位、しかも微小な時間単位と思い込まれてしまう。そして、以上のことは「現在」でも同じであり、「現在、撃て！」とは言わないでしょうが、高速鉄道の速度検査において「現在の速度はV_1である」と語るときは微小単位であり、「現在宇宙は膨張を続けている」と語るときは、じつに宇宙誕生からのまるまる一三八億年をカバーします。

日常言語ではこうした二重性を担う「いま」や「現在」を、ここでは単位としての語り方を「現在」、発話者の関心によって伸び縮みする語り方を〈いま〉というように区別して表現することにします。そのうえで、〈いま〉が移行するはずがないことは当然でしょう。むしろ、〈いま〉何ごとかを語りだす発話者はある時間の長さを〈いま〉と語ることによって、その内部が移行（変化）しないことを表そうとしている。

例えば「いまは夏休みです」と語ることによって、発話者は二ヶ月に及ぶ「夏休み」を一つの静止した物のようにとらえている。そして、「夏休み」を現在として、それ以前を過去とし、それ以後を未来とする時間区分を聞く者に向かって提案しているのです。こうした〈いま〉の機能を自覚するとき、それは客観的実在世界において占める場所をもたないこと、すなわち実在的に「ある」のではないことに気づきます。

矛盾をそのまま保持して受け容れる

以上の語りの〈いま〉と、前章で考察した刻々と新しいことが湧き出す〈いま〉とが直結します。語りの〈いま〉とは、客観的実在世界の単位ではなく、まさに刻々と湧き出す体験に基づいて（それを含んで）、世界のもう一つの構図を開いていると解することができましょう。

付言すれば、マクタガートのように、単位としての「現在」を固定したうえでA系列とB系列との両立不可能な関係を論ずるのではなく、時間単位としての「△t」と、一三八億年もこの一瞬も同じ「現在」と表記するような〈いま〉との関係こそ両立不可能なのです。マクタガートは、両者を肯定的あり方として並置したうえで、よって両者は矛盾するゆえに時間は実在しない（実在的時間はない）としたのですが、むしろ実在的時間（B系列）は、〈いま〉（A系列）を否定することによってはじめて成立している、と言うべきでしょう。

こうした「矛盾」に直面して、多くの哲学者はどちらかを「ほんとうの時間」とみなしたがる。

ベルクソンは〈いま〉を「純粋持続」と言いかえたうえで、それこそが「本当の時間」だとし、測定する時間（B系列）はニセモノの時間としたのです。アリストテレスはむしろ逆に〈いま〉は時間ではなく、〈いま〉の付帯形態である単位（アリストテレスは「運動に関する前後の数」と呼ぶ）となった「現在」こそ時間だとした。そして、カントをはじめ多くの物理主義的哲学者は、〈いま〉を切り捨ててB系列のみを時間としているわけです。

しかし、この「矛盾」をそのまま保持して受け容れ、これこそが時間理解だとする選択肢もあっていいでしょう。すなわち、〈いま〉を無として排斥することによってはじめて客観的実在世界が成り立っているのだとすれば、客観的実在世界は無としての〈いま〉との「内的関係」すなわち否定的自己関係にあるとも言えましょう。

こうして、やっと本章の結論らしきものに到達しました。〈いま〉は（客観的世界の規準からすると）無なのであり、まさにその無に一三八億年に及ぶ客観的実在世界は依存しているのです。

しかし、〈いま〉の根源性はとくにカント以降の哲学の枠組みでは「自由」の問題として扱われてきた。〈いま〉とは自由が発動する時なのです。次章ではこうした観点から「自由」というテーマを扱うことにします。

第5章　自由は「ある」のか？

決定論と自由

ここで、大きくテーマを変え（とはいえ、じつはこれまでの考察に密接に関係しているのですが）、西洋哲学を通じて大きな難問であり、カントによってその頂点を極めた「自由」について考えてみましょう。カントの自然観の根底にはニュートン的モデルがあり、自然はすべて一定の法則によって決定されている（たとえわれわれが知りえなくても）とみなす。

この根拠は意外に単純であり、古典力学によれば、運動法則は微分方程式 $f = m\frac{d^2r}{dt^2}$ で表現されるので、ある時点における座標と運動量が測定できれば、世界の開始から世界の終焉までの世界状態は完全に決定されるというわけです。

ラプラスは、これに加えて、その計算がたとえ人間にできなくても、超能力のデーモンを想定すれば、そのデーモンは世界の終焉まで予測できるはずであり、これが合理的に考えられるのだから、世界は未来永劫完全に決定されているという主張は合理的である、と主張しています（こうしたデーモンを「ラプラスのデーモン」と称します）。

　このように、ラプラスはあえて神ではなくデーモンをもち出しましたが、そもそも決定論は四世紀のアウグスチヌスにまで遡る神学的決定論に由来します。

　全知全能の神は未来永劫まで世界のあり方を知っているはずであり、人間が何かを選べるという意味での自由は、この決定論に矛盾するゆえに、そう見えるだけの錯覚だというわけです。こうした神学的決定論は、キリスト教の信仰が篤ければ篤いほど強まる見解ですが、むしろ異論とされたスピノザがその極限でしょう。先にも言いましたが、スピノザにおいては、すべてが未来永劫にわたって文字通り決定されているのであり、人間が自分を自由だと思っているのは落下する石が自分を自由だと思い込んでいるのと同様な錯覚なのです。

カントのアンチノミー（二律背反）

　さて、カントは、この難問に『純粋理性批判』「超越論的弁証論」の「アンチノミー（二律背反）」の章で取り組んでいます。カントの提示した解決はなかなか巧妙なものであり、人間理性は、自由であるという観点も自由ではなく完全に決定されているという観点も、ともにとりうる。すなわち、われわれ人間は叡知界と感性界という「二世界」に住んでいるのであって、叡知界に属する限りでは自由なのですが、同時に感性界に属する限りでは決定されているのです。

この構図は、神学的決定論を巧みに変形したものと考えられる。

哲学的説明に神を介入させることを徹底的に嫌ったカントは、人間の能力の枠内で、自由と決定論の対立を解決しようとした。その場合、おもしろいことに、神学的決定論では、決定論のほうが神の側に、自由のほうが人間（の錯覚）の側に配置されていたのですが、カントの「二世界論」においては、これを完全に逆転させて、自由が現象（自然）を超えた叡知界に住む本来的人間のほうに、決定論が現象（自然）に留まり感性界に住む現象的人間のほうに配置されている。現象（自然）におけるニュートン力学の威力が逆転させたのでしょうが、としても、カントも自由と決定論が同じ平面上での対立でないことは継承している。

しかし、神と人間でしたら、自由と決定論との対立を、互いの能力の絶対的隔絶によって「全知全能の神の決定を人間は知らずに、自分が自由だと思い込んでいる」というかたちで一応説明できるのですが、神を消去してしまうと、自由が支配している叡知界といってもやはり人間が住む世界ですから、同じ人間が住む感性界における決定論とのあいだで完全な解決はつかず、アンチノミーという対立状態に留まるほかない。

この場合、人間理性は相対立する二つの立場をとることができ、「テーゼ」は、こうした二世界論をとり自由をその限りで認める。しかし、「アンチテーゼ」は、叡知界などといういかがわしいものを認めず、すべてが決定されていて自由はないとみなす。カントは、人間が人間である限り(神のような知性をもたない限り)ここで行き止まりであって、一つの決定的な解答を得ることはできないと考えています。

これは、探っていけばいくほど含蓄のある解決であり、カントの多少硬直した理論を補足すれば、現代でもそのまま使えるきわめて有効な理論になりうることを、以下に示してみましょう。

非決定論的決定論

その前に、たぶん多くの読者（大部分が俗人）は「叡知界」などというものをもち出す説明に拒絶反応を示すと思いますので、そこのところを詳細に説明することにしましょう。

単純に考えて、自由を認める大前提として、原因は叡知界にありその結果は感性界にあるという二世界を跳び越す因果関係はやはり荒唐無稽のように思われます。では二世界をどう突破するのか？　カントの叡知界と感性界という神学的色彩の強い二世界を、現在と過去という二つの時間のあり方に翻訳すればいいのです。

そのうえで反省してみると、ラプラスにおいてさえ、いかに超能力のデーモンを想定しても、現実に未来の出来事を細部にわたって予測できるわけではないのですから、「ニュートン信仰」も「ラプラスのデーモン信仰」も潔く捨てて、自然は古典力学的決定論のようには一義的に決定されていない、とみなすとどうなるか考えてみる。すると、まったく別のかたちで自由と決定論とが両立できることがわかります。それには、古典力学的決定論から確率論へのコペルニクス的転回をする必要がある。

それは、二つの単純な前提から成っています。

(1) 一見一義的に決定されているかのような諸粒子の運動の詳細は原理的にとらえられず、せいぜい確率的に予測することができるのみであって、細部ではエピクロスの「斜行運動」のように、いつも原因を追究できないミクロな差異つまり偶然が生じうる。

(2) それにもかかわらず、一定の結果が生じたあとで、振り返って因果関係を追究すれば、その限りで常に一定の原因に行き着く。

すなわち、叡知界と感性界とを文字通りの二世界とみなすのではなく、一つの出来事E_1が生じつつある現在におけるあり方(1)とそれを過去化・対象化してとらえたあり方(2)との絶対的差異へと翻訳するのです。

具体的に考えてみましょう。あるとき(t_1)においてある自然現象はA_1、A_2、A_3……

A_{10}までの可能性のうち、どれが現実化してもいい状態にあり、どれが現実化するかは未知（言いかえれば偶然）であるとします。ここで、A_3が現実化されたとすると、今度は同じように、B_1、B_2、B_3……B_{10}までの可能性のうち、どれが現実化してもいい状態にあり、どれが現実化するかは未知（言いかえれば偶然）であるとします。さらに、B_1が実現されたとすると……と、どんどん自然は進行していく。ここまでが、先の（1）に当たります。

しかし、ここでE_5が実現された時点で、振り返って、$E_5 \rightarrow D_9 \rightarrow C_4 \rightarrow B_8 \rightarrow A_3$へと遡及して、$A_3$にたどり着いたとき、他の可能的系列は痕跡を残さず、よって、この独特の$A_3 \rightarrow B_8 \rightarrow C_4 \rightarrow D_9 \rightarrow E_5$という系列は「決定されていた」となる。これが、先の（2）に当たります。

そのつどの〈いま〉において「決定されていない」未来は、「あとから」振り返ると「決定されていた」ことになる。このことは、それほど難しい想定ではないのですが、物理学者は客観的時間を前提し、ある時点t_1における物理現象E_1は過去に「滑って」いっても、その性格はそのまま維持されると考えているゆえに、この想定を受け入れないだけです。ということは、この想定を受け入れるには、客観的時間のもつ前提を崩してしまえばいい。すなわち、それぞれの〈いま〉（t_1で）起こっているE_1は、「あとから」（t_2で）想起と証拠によって対象的にとらえるE_1とは別の事象だということです。

以上の想定に「意志」を代入することは簡単にできます。

カントのように、それぞれの選択肢のところで、そのつど意志が作用して、何らかの選択肢を実現する、と考えるか、偶然と考えるかの違いでしかない。しかし、自然法則は固く決定されていて、それに意志が作用すると考えると意志が自然法則を「攪乱する」ことになるから、それはとれない。カントはこう考えて自然因果性と並んで自由（意志）による因果性を設定したのですが、それにもかかわらず、自然的作用以外の何らかの作用（意志）を認める限り、やはり意志が自然法則を攪乱していることになるでしょう。

よって、意志が自然法則を攪乱しないためには、自然がもともと偶然を含むとみなすほかない。そして、この考えはすべての物理学理論と両立します。

過去を規準とした客観的世界と〈いま〉

こうして、決定論と自由とのあいだのアンチノミーは、過去を規準とした世界観と〈現在ではなく〉〈いま〉を規準とした世界観との対立であることが判明しました。互いにみずからの世界観を相手の領域にまで拡張するゆえに、互いに真偽の決着がつかないアンチノミーが生ずるのです。

このうち、容易にわかるように、古典力学に代表される物理学は、過去を規準とする世界観、すなわち「アンチテーゼ」の立場を代弁し、未来のあらゆる出来事は正確に予測可能であり、世界の終焉から見れば、すでに決定されているものとみなす。これは文法的には未来完了と呼ばれますが、実際のところ未来のすべてを過去化していることにほかならない。すべての出来事は、客観的実在世界においては決定されていて、過去と未来との差異は、その客観的実在的な出来事が実現しているか否かの差異にすぎないのです。

これに対して、テーゼは自由をもち出すことによって、すべてが決定されている客観的実在世界に「風穴」を開けている。自由が発動する時とは〈いま〉なのですから、それは〈いま〉を基準にする世界観を提示していることにほかならない。もっとも、テーゼは客観的実在世界をまるごと否定するのではなく、これに加えて自由の地位を確保しようとするのであって、私たちはすべてが決定されている客観的実在世界すなわち感性界に住む一方で、自由が成立する叡知界にも住むとする。

しかし、こうした神学的・形而上学的存在論を排斥すると、このことは、まさに私たちが〈現在ではなくて〉〈いま〉と過去という両立不可能な二世界に住んでいることを主張しているとみなせる。行為の場面のみならず、〈いま〉生じつつあることは、たしかにすべてが終わった時点から反省的に眺められ記述されうるのですが、その瞬間に〈いま〉生じつつあることの現実性は失われる。「〈いま〉生じつつあること」は、まさに〈いま〉という時にだけ「ある」ものであり、過去化され記号化されたとたんに、「かつて生じたこと」に変様してしまうからです。

これに対して、アンチテーゼは、〈いま〉と過去との差異性を客観的時間における位置の差異性によって表そうとしますが、それはうまくいかない。なぜなら、ある出来事

E_1がt_1においては現在であり、t_2においては過去であるとき、これは、現在と過去との両立不可能性を表現しているだけであって、E_1がt_1という現在において具えている現実性が、t_2という過去において消失してしまったことを表現しているのではないからです。

ここで、カントが（逆ではなく）自由のほう、すなわちそれぞれの〈いま〉のほうを叡知界に、そして過去のほう、すなわち決定論的世界のほうを感性界に配置したことに注目する必要がある。ふたたび、これから神学的・形而上学的色彩を脱色すると、現実性を具えている〈いま〉は実在世界から見れば、いずれ過去に「移行する」客観的時間における一点にすぎず、客観的世界とそれを貫く客観的時間を承認する限り、これを否定することはできない。

そこで、テーゼは、こうした過去を規準とする決定論的世界を感性界（現象）として認めたうえで、その「上に」過去を基準とする世界に呑み込まれることのない〈いま〉のあり方を認める。ですから、テーゼはすべてを現在化しようとするわけではない。（後に詳論しますが）実在性というレベルでは過去化された決定論的世界を承認しながらも、現実性というレベルでは、過去化される前の〈いま〉のあり方を確保しようとするのです。

未来と将来

こうしたカントのアンチノミー論（以上のまとめは、私なりに本来の姿をかなり変形していますが）を基礎にして、さらにわれわれは未来に眼を向けることができます。

波多野精一は『時と永遠』（岩波書店）において、「未来」と「将来」という概念を区別している。彼によれば、未来とは過去を延ばしただけのものであり、過去のデータをもとに予測される未来であり、よって、その実態は過去にほかなりません。これに対して本来の未来とは「将来」であって、それぞれの〈いま〉において、新たなことが「まさに（将に）来たらんとしている時」です。

こうした理論の背景には、波多野の信仰するキリスト教の時間観がありますが、それによらなくても、この区別はきわめて説得的です。すなわち、〈いま〉は二重のとらえ方で〈いま〉ではない時に組み込まれる。

第一は、われわれが慣れ親しんでいる仕方であり、〈いま〉を絶えず過去化し「過去における現在」というあり方へと変質してしまうというとらえ方です。この操作によって物理学的・客観的時間が成立し、先に見たように、これに決定論的世界観が呼応している。言いかえれば、このとらえ方は、〈いま〉をすでに過去化しているのであって、〈いま〉起こっている現象E_1を言語化（意味付与）するとき、E_1を既存の言語によって意味づけられた以上のものとはみなさない。

「いま、雨が降っている」と語るのであれば、やがて「さっき、雨が降っていた」という過去形に変形される現象だけが〈いま〉生じているのです。いわば〈いま〉の現象は言語によって表現された瞬間に過去化され、すでに過去に組み込まれてしまっている。

しかし、それだけでしょうか？　過去を規準にすると、私はE_1を、これまでのさまざまな似た現象の一種として「雨が降っている」と記述し、その同じ記述のままE_1が現在形から過去形に変わるとみなすのですが、よく考えたらそれだけではないでしょう。〈いま〉雨が降っているのですから、それはこれまで一度も生じたことがない、まったく新たな現象であるはずです。このことは誰でも承知しながら、言語化（過去化）の大きな威力に呑み込まれて、何百回、何千回、「雨が降っている」という同じ記述をしようとも、それぞれの〈いま〉まさにまったく新たなことが生じていることを忘れてしまう。

過去へと組み込まれる〈いま〉のとらえ方に対立する第二の〈いま〉のとらえ方は、まさにまったく新たなことが生じている時として〈いま〉をとらえることです。すなわち、〈いま〉を（未来ではなく）将来に組み込まれる時とみなすこと、〈いま〉起こっている現象E_1を、言語化することによって見えなくなる、まったく新たな「湧き出し」としてとらえることです。

そして、反省してみるに、じつは、先に見た自由と決定論の対立の源泉は〈いま〉の二重のとらえ方にあることがわかります。普通の記述文ですと対立が見えにくくなるのですが、行為の場面だと対立がはっきり見えてくる。

私は〈いま〉右手を上げて賛成の意を表するか否か迷っている。第一の〈いま〉のとらえ方に従うと、右手を上げた時点から振り返って（すなわち過去に組み込まれるように）〈いま〉をとらえるわけですから、私は迷っている〈いま〉すでに右手を上げるように決定されていることになる。

これに対して、第二の〈いま〉のとらえ方に従うと、新たな湧き出しに注目して〈いま〉をとらえるわけですから、〈いま〉は決定されておらず、私は完全に自由な状態であることになる。これに終末論を重ね合わせれば、その次の〈いま〉は到来しないかもしれず、それぞれの〈いま〉とは常にこういう時なのです。

言葉の意味からの自由

こう考えを進めていくと、「自由」をめぐるアポリアは、私たちを拘束する言語の〈客観的〉意味からの自由という問題に収斂する予感がしてくる。

振り返ってみれば（不思議とも言えますが）、私たちは言語の意味をけっして自由に〈恣意的に〉変えることができないと思い込んでいる。どんなに反逆的な人でも、「2」に「3」という意味を与えて、1＋2＝4とし、二角形の内角の和は一八〇度だ、と語ることはまずないでしょう。問題は、普通そういう可能性を認めることさえない、そう思いつくことさえないということです。

しかし、——これも不思議なことですが——まさに本書で扱っているような「存在」とか「無」とか「時間」とか「自由」とか「私」とか「死」などの概念は、あまりにも世界の大枠をかたち作っている概念でありすぎるゆえに(?)、たとえその意味を正反対にしても、具体的な現象を表す言葉の意味を変化させなくて済む。スピノザのように「自由はない」と言っても、バークレィのように「物質はない」と言っても、ヒュームのように「同一の私はいない」と言っても、マクタガートのように「時間は実在しない」と言っても……こうした言明はあらゆる科学的知識と矛盾しない(両立しうる)。それぞれ、あらゆる科学的知識を取り込んで世界の真相を語っている。

(科学者を中心とする)俗人にはなかなか賛同してもらえないのではないかと思いますが、本来哲学が開く固有の領域とは、原理的に意味の拘束から自由であり、よって優れた哲学者の秀逸な直観力と洞察力によって、新たな的確な意味を付与できる領域なのです。これまで誰も考えたこともない斬新な意味を付与することによって、はじめてその真相が見えてくる領域が開かれている。

こうして「私が死ぬ」という手垢に塗れ、もはやその意味を受け容れざるをえないと思われるような文章でさえ、その通俗的意味を大変革させることができるのであり、こうした斬新な意味を開発することこそ、プラトン言うところの「死の練習」にほかならないのです。

第6章　私は「ある」のか？

「私は考える、ゆえに、私はある」

前章までで、（広義の）世界の「はかなさ」を客観の側から見てきましたが、本章においては、それをいわゆる主観、「私」というあり方の側から見ていきましょう。

日常的には確固として「ある」かのように見える「私」というあり方も、客観的実在世界というあり方に劣らず「はかない」のです。客観的実在世界は現実性を具えた「私」という観点から見れば無限に「ない」ものなのですが、とはいえ、その「私」も敵（客観的実在世界）の正体を見破り、息の根をとめた瞬間に自己崩壊してしまう、こうしたきわめて興味深い構図を示してみようと思います。

デカルトはすべてを疑って懐疑の暴風に引き裂かれそうになったときに、「そう疑っている（考えている）私はある」という原理にしがみつきました。いかなる懐疑にとらわれようと、「私は考えている」のであり、その限り、「私は考える、ゆえに私はある」という原理はそれ自体として絶対確実なのだ、というわけです。

ここで、当然のように前提され、そして結論されていることは、デカルトが言葉を使って懐疑を遂行していること、そしてそれを本に書いていることです。

「私は考える、ゆえに私はある」とは、ラテン語では“cogito, ergo sum”であり、フランス語では“Je pense, donc je suis”ですが、こういう正しく書かれた限りにおけるラテン語やフランス語から出発している。

ここで消えてしまう差異は、発話行為においては自然にわかる差異であって、二人の人S_1とS_2がそれぞれ「私は考える、ゆえに私はある」と語るとき、この同一の命題が、S_1の身体K_1とS_2の身体K_2という異なる身体から発せられることを観察することによって、第三者（S_3）は、その命題に登場する同一の「私」がS_1とS_2という異なる「私」を意味していることを知る。言語内では差異はないのですが、発話行為において言語外的な差異を示しているということです。

デカルトは、前者の観点のみを掬い上げて議論を展開していますが、後者の観点こそが、それぞれ文法的には同じ「私」であるものの互いの差異性という問題の核心をなしている。

これを言いかえると、S_1とS_2が同じ「私は考える、ゆえに私はある」という絶対確実な命題を承認してそれを語るとき、S_1内部で生じている「感じ」G_1とS_2の内部で生じている「感じ」G_2とは異なる。もちろん、S_1もS_2もあるいは外部のS_3も、G_1とG_2の差異性を確認(検証)できませんが、たとえG_1とG_2が内容的に同一であろうとも、S_1はG_1を感じ、G_2を感じず、逆にS_2はG_2を感じ、G_1を感じない、という意味で異なるということです。

S_1はそこに生じている特定の感じG_1に基づいて「私は考える、ゆえに私はある」という命題を第一原理として承認する。言いかえれば、S_1はG_1を(ヘーゲル的弁証法を使うと)否定することによってこの第一原理に到達するのです。そして、同じ過程がS_2の内部でも生じている。

固有の体験を否定する

デカルトは「私は考える、ゆえに私はある」という第一原理がすべての(言語を習得した)人に妥当することの根拠として、付け足し程度に「良識はすべての人に等しく与えられている」と語りましたが、じつは、言語を学んだすべての人は、おのおのの身体で生じている固有の体験を否定して、この第一命題に至る。すなわち、「私は考える、ゆえに私はある」は第一原理ではなく、この原理を語り出す前に、各人のうちでみずからの固有の体験を否定するという操作が先行しているのです。

デカルトが「私は考える、ゆえに私はある」と語るときに、各人のうちで進行している否定的操作を無視したので、デカルトの構図内では「他人の心」の問題が隠されたばかりではなく、語れなくなってしまった。すなわち、S_1とS_2がともに「私は考える、ゆえに私はある」と語るとき、それぞれの「私は考える」ないし「私」の差異性が語れなくなったということです。

この問題は、先（第2章の最後）に考察した、S_1が下す「これ①は痛みである」という判断とS_2が下す「これ②は痛みである」という判断の差異性に関係してくる。以下、そのときの議論のままなのですが、それをあえて「私は考える」という命題（判断）に沿って再構成してみます。

S_1は「私は考える」と判断しながら、じつは「これは『私は考える』である」と判断している。すなわち、そこに生じている特定の「これ」を（言語外的に）否定して、

「私は考える、ゆえに私はある」という「明晰かつ判明な」第一原理を受け容れるのです。

と判断しながら、同じことを遂行している。こうした（無自覚の）操作後に、両者は

「私は考える」という普遍的命題に結びつけているのです。そして、S_2も「私は考える」

ほとんどの俗人のみならず少なからぬ哲学者も、他人の心（他人が何を考えているか、感じているか）がわからないのは、他人の心の「内部」が私に隠されているからだ、と漠然と信じていますが、他人の心が何か（皮膚？）によって隠されその向こうに「ある」わけではない。それが隠れて見えるのは、他人の心という作用（考える）が「考える」という普遍的な言葉の否定だからなのです。

S_1は自分の固有の「これ」を否定して「私は考える」と語り、S_2も自分の固有の「これ」を否定して「私は考える」と語る。しかし、外部の観察者S_3はS_1とS_2が「私は考える」と語るときに否定された「これ」を知りようがなく、よって、両者の差異性を知りようがないのです。

このさい、なぜ、私は体験的痛みをもっていない他人の「痛い」という意味がわかる

のか、という問いを提起するなら、この問い方には注意しなければならない。この問いの裏には「体験主義」とでも言えるもの、すなわち言葉の意味の了解は直接体験に基づいていなければならない、というロック以来のイギリス経験論の考え方があります。これを前提しながら先の問いに答えようとするとき、A:B=C:Dという比例関係において、Aに「私の振舞」、Bに「私の心」、Cに「他人の振舞」を入れて、これらからD「他人の心」を導き出すというチャチなもの(類推説)しか出てこない。

とすると、ここでコペルニクス的転回をなし遂げる必要があるのではないか?

それは、言葉を習得してその意味を了解するとは、はじめから体験的痛みをもっている者(私)ともっていない者(他人)との差異を跳び越えることだということ、しかも、この跳び越えをまったく不思議に思わないことなのです。

超越論的統覚

デカルトは、ロック、ヒューム、カント、ヘーゲル、フッサールまで続く「観念論」

の世界を開きました。観念論は多彩な外観をしているけれど、その共有する根っこは、世界の意味の根源が「私の心（意識）」にある、私が世界に意味を付与するゆえに世界は意味に充ちている、という考え方です。そして、たったいま示したように、デカルトは「私は考える、ゆえに私はある」という命題を端的に真であると洞察する者が「私」という資格を有している、とみなした。

しかし、カントはここから大きく逸れていき、「私」についてこれまで誰も考えたことのない大転回をなし遂げた。それは、「私」は「私は考える、ゆえに私はある」と語り出すこの身体の「うち」に留まるのではなく、この身体を超えて一つの客観的実在世界を構成する（意味付与する）限りで「ある」という画期的見解です。

カント以来、こういう「私」を、この身体から抜け出て世界へと超越するという意味で（硬い言葉ですが）「超越論的統覚（transzendentale Apperzeption）」と呼んでいる。

俗人のなかには、こうした難解（そう）な外観をした概念に拒絶反応を示す人がいますが、なぜ哲学者がわざわざこうした概念を使用しなければならないのか反省してもらいたい。ふつう、「私」は（いかなる仕方かはわからないけれど）特定の身体に宿っていると考えられていますが、カントは「私」の根源的あり方はいかなる身体をも超越して世界へと向かう作用として「ある」と考える。「世界へと向かう作用」とは、世界のア・プリオリ(普遍的で必然的)な構造を意味づける作用です。

例えば、カントは、因果律は世界の「うち」にもともと(人間的意識とは別に)「ある」のではなく、人間的意識すなわち「私」が世界に因果律という形式を投入したゆえに「ある」のだと考える。じつは、なかなか考えにくいのですが、時間や空間ですら、「私」がこれらの形式を世界に投入したゆえに世界は時間的・空間的に「ある」のです。そして、言語を習得した有機体としてのいかなる「(人間的)私」も、こうした意味付与能力を共有している、とみなすことができる。それが、すべての人が共通に有している「理性・悟性・感性・構想力」という認識能力にほかなりません。

さらに、カントは、何かを感じるとか、知覚するとか、思い出す……等々のいかなる心のはたらきより、こうした世界に基本的意味を付与する作用こそが「私」であるためには必要だと考える。どんなに情感が豊かであっても、どんなに鋭敏な知覚を有していても、時間・空間・因果律などの世界の基本構造を承認しない人は「私」ではないのです。

これは「私」の理性的側面を強調する考え方で、理性主義から自然に出てくる結論ですが、こうした独特の「私」を表す日常言語がない。そこで、哲学者は、誤解を避けるためにも、まったく新しい用語を案出して、それに厳密な意味を与えるしかない。とはいえ、こうした独特の「私＝超越論的統覚」が日常言語と隔絶していたら、理解は不可能でしょう。そうはいっても、やはり、この難解（そう）な専門用語は、私たちのすでに知っている「私」のある側面をしっかり受け継いでいるのです。

各人は同じ「私」という言葉を理解する

地上にはさまざまな動物が生息しているけれど、人間以外のどの動物も「私」を自覚していないらしい。とすると、動物から連続的に理解されうる身体（例えば大脳）には私の秘密はなくて、むしろ「私」という語のうちにその秘密が隠されているのではないか、と思われる。

しかも、言語をしゃべってはいるけれど完全な精神錯乱者は「私」ではないゆえに、人間の身体を有する者が、さらに「私」であるためには、統一的な言語を適切に使用しうる能力が不可欠の条件となる。つまり、その条件とは、人間の身体を有し統一的言語を習得したその当人を「私」と呼ぶのみならず、同じく人間の身体をもち統一的言語を習得した他人がみずからを「私」と呼ぶことを承認することなのです。

こうして、有機体としては異なった存在者であるS_1とS_2が、同じ「私」という言葉を使用するときに現出してくる世界に、超越論的統覚は登場する。これを観念論的枠組みで言いかえると、S_1とS_2が異なった有機体であると同時に一つの超越論的統覚であって、一つの世界を意味付与する限りで、S_1とS_2は「私」なのです。

これは、すばらしい洞察であり、一見常識に反しますが、よくよく考えれば誰でも納得できることです。デカルトは、人間的有機体s_1が言語を習得すると、S_1は直ちに「私は考える、ゆえに私はある」という事態を直観すると考えるのですが、カントは、S_1はまず一つの客観的世界へと超越し、それを意味付与することを通じてはじめて、「私は考える、ゆえに私はある」という直観に至ると考える。

デカルトは、すでに言語（フランス語、ラテン語）を習得した者に向けて『方法序説』や『省察』を書き、その条件のもとで「私は考える、ゆえに私はある」を第一原理とみなしたのであって、その限り間違ってはいない。しかし、「ここから」始める限り、なぜ身体の異なるS_1とS_2が同じ「私」という言葉を理解できるのか、はわからなくなります。デカルトは「良識は各人に均等に配分されている」と言いますが、これでは充分ではない。

S_1とS_2は、たしかにS_3から見たら「同じ」他人（すなわち「同じ」他人というあり方をした「私」）であって、眼前の二つの似た人体模型と同様に似ているでしょう。しかし、S_1とS_2にとっては、自分の痛みは感じ、光景は見え、音は聞こえるのに、相手の痛みは感じず、光景は見えず、音は聞こえないのですから、自分と相手のあり方は全然違う。それにもかかわらず、S_1もS_2も、ごく自然に「私」という同じ代名詞を自分にも相手にも付与してしまうことが説明されないのです。

内的経験

しかも、いったん「超越論的統覚」という切り口によって、「(人間的) 私」に共通の能力を抉り出した後には——ここで探究されているのは、神のような「私」ではなく、人間としての「私」なのですから——、いかなる身体にも帰属しない「私」ではなくて、やはりそれぞれの身体「から」世界に向かっている、という意味で固有の身体に帰属しているような「私」でなければならないでしょう。

こうした要求に答えようとするとき、カントのような大転回が、すばらしい力を発揮する。カントは、有機体S_1はまずもって言語を習得するとS_1に転じ、一つの超越論的統覚で「ある」ことを自覚するのですが、そこに留まるのではなく、次に固有の身体を探り当てると言うのです(ここで「まずもって」とか「次に」というのは、時間順序ではなく、そうでなければ合理的に理解できないという意味で論理的順序です)。超越論的統覚が人間としての「私」である限り、それは、やはり固有の身体との特権的関係を獲得しなければならない。しかし、この作用はけっして言語習得以前に戻ることではなく、

S_1は、言語を習得して超越論的統覚になりえたからこそ、それを通じてはじめて固有の身体を「私の身体」として意味づけることができる。狂人でも赤ん坊でも漠然と「この身体」を自覚しているでしょう。しかし、それは、「私の身体」ではない。「この身体」から「私の身体」への転回には、一つの客観的実在世界を構成する（意味付与する）能力を有する一つの超越論的統覚が介入する必要があるのです。

　そして超越論的統覚であるS_1は（なぜかは知らないが）特定の身体K_1を「私の身体」として自覚するに至る。そして、S_1がK_1を「私の身体」であると自覚することはS_2の身体であるK_2が「私の身体」ではないと自覚することにほかならず、このことを通じて、S_1である「私」はS_2である「私」とは異なることを自覚する。みずからがS_2とは異なることを自覚するということです。これをカントのタームで言いかえれば、S_1はS_2と共通の超越論的統覚に加えて「自己触発（Selbstaffektion）」という作用によって、S_2とは異なる固有の「内的経験（die innere Erfahrung）」を獲得するに至るのです。

　しかし、超越論的統覚と内的経験によって人間としての「私」がすっかり説明されたわけではなく、これではまだS_1もS_2もやはり同一の超越論的統覚に加えて内的経験という同一の構造を有しているにすぎない。当然、S_1とS_2とでは内的経験の内容は異なりますが、なぜS_1は内的経験E_1を自分の内的経験として受け容れ、S_2の内的経験E_2を自分の内的経験として受け容れないのか？　こう問うと、S_1が整合的な経験E_1とE_2のうち「自分のもの」として受け容れるのは「(客観的）認識」ではないことがわかります。

S_1にとって、内的経験E_1は現に体験したことの系列から成っているのですが、S_2の内的経験E_2は現に体験したことではない系列（概念の系列）から成っている。S_1が「そのとき、私は悲しかった」と語るとき、それは自分の体験を語っているのに対して、S_2が「そのとき、私は悲しかった」と語るのをS_1が聞いても、それは自分の体験ではない。命題のかたち（語の配列）は同じであり、それにほぼ同じ意味を付与することができますが、S_1が現に体験したことか否かという大きな差異性が残されます。

ここに開かれる問題は、この差異性は何に基づくのか、というものです。こう問うと、この差異性は、超越論的統覚に基づくものでないことは確かですから、身体の差異性に基づくと答えるしかない。しかし、単なる差異性をもち出すだけでは答えになっていない。問われているのは、S_1はなぜ（K_2ではなく）K_1を「自分の」身体として受け容れるのか、という残された最後の難問だからです。

ある現存在の感じ

この差異性の問題は、カントにおいて、いや近代西洋哲学において「現実性」の問題として取り扱われてきました。第1章で「実在性」の問題を取り上げましたが、実在性と現実性とはしばしば混同され、そのあいだの溝には大きな問題が横たわっています。

実在的とは〝real〟であり、これはラテン語からヨーロッパ近代語にほぼ同じ形で伝わっている。英語とドイツ語では〝real〟そしてフランス語では〝réel〟であり、もとも と〝res〟という名詞に対応する形容詞であり、〝res〟は「物」と訳される。日本語の「物」というとまず物体を思い浮かべがちですが、「物(res)」は、幾何学図形や数や物体など、さまざまな段階での「実体(それ自体としてあるもの)」を意味している。カントの有名な「物自体」もこれに該当します。

本書では、このうちとくに物理学によって描かれる「客観的世界(四次元時空連続体)」

を実在性の代表例として取り扱いました。

これに対して、現実性とは「現にあること」であって、英語では〝actuality〟フランス語では〝actualité〟そしてドイツ語では„Wirklichkeit"と言われる。そして、この語も多義的に使われるのですが、おおよそ次の二義性を有している。

（1）実在的客観的世界のうち実現された部分、すなわち過去のすべて。
（2）〈いま・ここ〉に「私」に現われていること。

（1）は、ヘーゲルが『法哲学』において、「理性的なものは現実的であり、現実的なものは理性的である」と言っている場合であり、カントも現実性を主にこの意味で使っていると言っていいでしょう。

カントは『純粋理性批判』の中では「現実性」を「様相」のカテゴリーに分類していますが、実在的世界は物理学が描くような世界の開始から世界の終焉までの客観的世界であり、現実的世界はそのうち実現された「これまで」の部分なのです。

しかし、カントは（2）の現実性も視野に入れている。それは「様相（現実性）のカテゴリー」においては、あまり表面に出てこないのですが、他のところに散見され、とくに『プロレゴメナ』に登場する「ある現存在の感じ（Gefühl eines Daseins）」という表現に集約されています。カントはそこで「私とは現存在の感じである」と言っているのですが、本書でこれを意図的に「深読み」しようと思います。すなわち、ドイツ語で言うところの „Uminterpretation（改釈）" を実行するのであり、カントがはっきり気づいていない（らしい）概念の側面に意図的に光を当てて（捻じ曲げて？）解釈してしまうのです。

以上、長い準備作業が終わりました。問題は、S_1とS_2との体験の差異性でした。この差異性が、『純粋理性批判』の中で主題化されていないのは、カントはそこで実在的世界の解明を目指しているからであって、それにちょうど呼応して「私」は、実在的世界に対応する「超越論的統覚」のみに焦点が絞られているからです。

では、〈いま・ここ〉に現に存在する「私（S_1とS_2の差異性が浮かび出てくる私）」は、まったく無視されているかというとそうではなく、さしあたり「現実性」という様相のうちに追いやられている。

現実性は質料＝物質（Materie）さらには物自体に直結する概念であって、われわれ人間は神ではないのですから、時間・空間・カテゴリーなどの世界把握の形式は所有していても、質料は与えられるにすぎない。これこそ、カントがもっていた信念の大枠なのです。言いかえれば、現実在はS_1とS_2が言語を習得して超越論的統覚になる前の差異性に関与するのです。それは、有機体としての差異性でしょう。S_1もS_2も言語を習得する前に完全な無ではなく、有機体としてすでに自己中心的存在者であり、「そこ」で何かを感じていたであろうと思われる。しかし、これがすなわち「ある現存在の感じ」と呼ぶものに呼応するわけではない。

否定の否定

このあたりから、本書で最も「高級な」コースに入ります。

本書では、ある出来事E_1について、それが〈いま〉生じつつあるときのあり方E_1（a）

とそれが生じたあとで対象化されたあり方E_1（b）とは、根本的に異なるという論点を何度も確認してきました。ここでも、その考え方を応用します。

すなわち、これまで本書で「有機体S_1とS_2が言語を習得すると……」という時系列に沿った語り方をしてきましたが、これは客観的（科学的）認識ではなくて、いわばS_1とS_2の現実性における差異性を説明するための道具にすぎない。カントの「分析の道」（通俗的なものから原理的なものへの上向法）も、この意味で（のみ）容認できます。

すなわち、すべての議論が、原理的に言語を習得した観点からであることを忘れてはならない。その限りで、S_1とS_2は同じ超越論的統覚でありながら、異なった現実性であることを説明しなければならない。そして、カントは「ある現存在の感じ」にたどり着いたのです。

しかし、「ある現存在の感じ」が言語を学ぶ前の有機体レベルでのS_1とS_2においてすでに異なっていて、両者が言語を学ぶと、有機体レベルの差異性がそのまま言語レベルの差異性へと移行するというわけではない。むしろ言語レベルでの差異性を語れないからこそ、有機体レベルの差異性へと「戻って」みるのです。

言語を習得することとは、S_1、S_2、S_3……が互いにいかなる差異性もない唯一の超越論的統覚で「ある」ことを承認すると同時に、そこから「こぼれ落ちた」それぞれ固有の現存在を自覚することなのですが、しかもその現存在は（言語を習得してしまったのですから）、もはや（言語習得以前の）有機体レベルの現存在と同じものではない。それぞれの有機体S_1、S_2、S_3……はみずからの固有の現実性を捨て去る（否定する）ことによって、超越論的統覚になったのでした。

そして、その超越論的統覚がそれぞれの有機体の身体である内官を触発して（自己触発）、それぞれ固有の内的経験を構成し、こうした円環状の構成（ヘーゲルの言葉を使えば「否定の否定」）を経て、固有の主観S_1、S_2、S_3……になったのでした。しかし、S_1、S_2、S_3……はすでに「私」であるわけですが、断じてその「私」というあり方の原型が有機体としてのS_1、S_2、S_3……の「うち」に潜んでいたわけではない。S_1、S_2、S_3……の差異性を説明するためにはS_1、S_2、S_3の差異性が必要なのですが、後者の差異性そのものの質が変わったのです。

これを言いかえれば、各有機体S_1、S_2、S_3……が、まず現実性を消去して超越論的統覚になり、次にこれが自己触発によってそれぞれの内的経験を獲得しても、元の（有機体としての）現実性に「戻る」わけではなく、新たな（人間としての）現実性を獲得する、ということです。ヘーゲルの図式を使えば、否定の否定は元に戻ることではなく、さらに上の段階に進むことなのです。

二重の視点

こうして、S_1もS_2も有機体としての固有の感じに基づく根源的差異性の「うち」で言語を学ぶ。そして、S_1とS_2が言語を学ぶとは、この根源的差異性を消去して同じ「私である」ことを学ぶこと、すなわち、みずからを超越論的統覚として自覚することなのですが、こうした「私」を獲得した後に、さらに自己触発によって現実的な内的経験を構成しても、S_1とS_2とのあいだにあった原初的な差異性は戻ってこないのです。

カントは、神を排除して人間のレベルで現実性をとらえようとしたので、こういう限界にぶつかった。そして、ヘーゲルは否定の否定という弁証法によって、この限界を突破しようとしたのですが、残念ながらそうはいかなかった。いかに巧みに弁証法を使おうと、人間という一元的視点では、どうしても現実性はとらえられない。現実性を言語的にとらえうるためには、神に代表される「他者の視点」を取り入れた「二重の視点」が必要不可欠なのです。

西洋哲学は、古代ギリシャからずっと、その後キリスト教の影響も多大に手伝って、人間の視点からだけではどうしても世界は把握できないことを悟り、人間の視点以外の「他者の視点」を取り入れてきました。このさい、他者が、全知全能の神であるか否かはともかく、「他者」には見えるものが人間主体には見えないということが決定的に重要なことです。世界が生じた理由、この私が生まれてきた理由は、人間主体としての私にはわからないのですが、「他者」は知っているのです。

魂の注入？

ここで、先に述べたライプニッツの「事実の真理」における「神の選択」という考えを想い起こしてみましょう。

空間は二次元でも論理的に矛盾しないはずなのに、なぜか三次元であり、万有引力は逆二乗というかたちになっていても矛盾はしないはずなのに、なぜか逆二乗になっている。いや、そもそもこの世界に万有引力などなくても論理的に矛盾しないはずなのに、なぜか万有引力はある。しかも、その理由を私たち人間は知らない。ライプニッツによると、神はこの事実が「最善」だと考えて「これ」を選択したのですが（最善説）、こうした神学・形而上学の臭いを払い落とすと、これは「他者が選択した理由を、選択によって生じた世界のうちに生まれたものは知らない」というふうに一般化できるでしょう。

私はなぜ「ある」のか？　広く信じられてきた教理（カトリックはいまでもこう考えている）によると、身体としての「私」の誕生以前に、神がこの身体に魂を注入したからですが、その結果生まれた「私」にはその理由がわからない。そして、これに連携して、「私」には、なぜ「私」が他ならぬこの身体に「宿っている」のかもわからないのです。

「魂の注入」を現代的に「言語の注入」に変えても基本構図は同じであり、「私」（となるはずの身体）が言語を学ぶと、なぜこの身体のうちに「私」が生ずるのかは、わからない。注入する者がいれば、その者（神？）にはわかるのですが、注入された者（個々の人間）にはわからない。さらに一歩を進めれば、注入する者がいるかどうかさえわからないのです。

ここに、近・現代哲学が共有している大掛かりな構図が見えてきます。それは、言語の主体としての人間の視点とは異なるもう一つの視点を導入するのですが、前近代のような「神」でも「善のイデア」でも「一者」でもなく……、人間には認識できないXとして設定するという構図です。

しかも、それはあえて言えば一人称的存在であり、われわれの側からはいかにしても対象化できない存在者であることが必要です。それはわれわれが知っている存在者では、（神でなくてもいいのですが）自由な意識主体です。カントはこれを「物自体」と名づけましたが、Xの役割からして、「物自体とは何か？」と問うこと自体が見当違いであることがわかります。Xを「何か」と言いかえると、（対象的に）認識できるものとなってしまうのですから。

しかし、現実には、カントの直後から、物自体を「何か（肯定的なもの）」と言いかえる運動（フィヒテ、ショーペンハウアー）、ないし丸ごと抹消してしまうような運動（ヘーゲル）が続きました。そして、二〇世紀に至り、レヴィナスはこうした物自体の文脈をまったく無視して、西洋哲学に大々的に「他者」を導入します。しかし、それはやはり「何か（肯定的なもの）」である他者なのであって、フッサールやハイデガーが無視したカントの物自体を（ふたたびカントの意図からは外れて）装い新たに復活したにすぎない、という解釈も成り立つでしょう。

「他人の心」という問題

第1章でちょっと触れましたが、以上の文脈に「他我（alter ego）問題」すなわち「他人の心」の問題を置いてみますと、「他人の心」とはまさに言語を習得し、自他の差異性を消去してしまった「私」が言語以前的な差異性に気づくことにほかなりません。

他人は、レヴィナスの言うように、言語が発生する前提としてすでに登場しているのではない。そうではなく、すでに言語を習得し「私である」ことを自覚した者が、あらためて同じ「私」という一人称代名詞を使っている他人との言語習得以前の差異性に気づくことによって登場する。こうして、「他の私」の成立は、「私」の成立を裏側から言いかえたものにすぎず、これまでの説明を繰り返すだけです。

「なぜ他人が『痛い!』とうめくとき、私は他人の痛みそのものを感じないのに、この言葉の意味がわかるのか?」というヴィトゲンシュタイン的＝体験主義的問いを引っ込め、それに代えて、「痛い」という言葉を習得するとは、「痛い」という固有の体験からいったん離れて、現に痛くなくとも「痛い」という言葉の意味を知ることだ、という新たな観点を導入するのです。

言いかえれば「痛い」という言葉の意味を了解するとは、はじめから現に痛いという体験から独立の「痛いという事態」を知ることであって、こうした了解は過去や未来の痛みや否定的痛みの了解とパラレルです。

私は、いまや痛みがまったく残っていない一〇年前の骨折についても「痛かった」と語るし、まだまったく痛みを感じない明日の予防注射は「痛いだろうなあ」と語る。さらには、「痛い?」と聞かれて、「痛くない」とも答えられる。痛みの感覚なしに、いくらでも「痛い」と語れるのです。

とはいえ、「痛かった」を「痒かった」と語ってはならないし、「痛くない」を「痒くない」と語ってもならない。「痛くない」は「痛い」の否定であって、「痒い」の否定ではない。いままったく痛くないとしても、「痛くない」と語ることによって、私は無感覚状態を表しているわけではなく、「否定的痛み」を表している、すなわち、「痛くない」は「痛い」と固有の否定的関係にあるのです。

「痛い」という言葉の意味を了解しているとは、はじめから「痛くない」という言葉の意味をも了解していることなのであって、幼児はまず「痛い」という肯定的意味を了解し、次に「痛くない」という否定的意味を了解するわけではない。言いかえれば、痛いときにいつも適切に「痛い」と語ることができても、「痛かった」とか「痛いだろう」とか「痛くない」と語れない幼児は「痛い」という言葉の意味を知らない、と言っていいのです。

こうした方向に議論を展開していくと、今度は、〈いま・ここ〉で生じているこの「痛み」にはナマの痛さが伴っているのですが、こうしたナマの痛みが伴っていない対象に、同じ「痛い」という言葉を付けることに疑問を感じないのか、という疑問が生じてくる。この答えは、まさに同語反復的なのですが、このことに疑問を感じないことこそ「痛い」という言葉を習得したことなのです。

言いかえれば、観念論とは世界は観念から成り立っているという強力な近代の哲学説ですが、これはとりもなおさず、世界は「痛み」などの言葉の意味から成り立っているということであって、〈いま・ここ〉で現に感じられる痛みを切り捨てることによって成り立っているということです。

注意深く読めばわかることですが、ロックもバークレィもヒュームも、「丸」や「赤」や「高い音」や「甘さ」……という単純観念の複合から世界は成り立っているとみなしていますが、そこからはきれいに「赤い色を見ている」という体験、「鐘の音を聴いている」という体験、「甘さを感じている」という体験自体は削ぎ落とされている。

彼らはここに問題を感じなかったのであり、よって、同じように、他人が〈いま〉感じている赤を私は感じていない、という体験の差異性も問題にしなかったのです。

「私」と「私の身体」との否定的自己関係

こうして、S_1にとって「私」という言葉を了解することとは、はじめから固有の身体K_1において自分自身が「私」と発話することのみならず、他の身体K_2、K_3、K_4……においてS$_2$、S_3、S_4……が「私」と発話することを了解することでもある。もちろん、このことはS_2においても、他の言語を習得した人間という有機体S_3、S_4、S_5……おいても成立します。

そして、いったん「私」という言葉を了解してしまうと、S_1はその「根拠」が固有の身体K_1の「うち」にはないことに気づき（K_1のどこを探しても「私」はいない）、「私」がK_1から独立に「ある」ような気がしてくる。こうした思い込みから、K_1に住みながら、物体であるK_1とはまったく異なった「魂」というもう一つの実体M_1を認めることになり、M_1はK_1が雲散霧消した死後も「ある」かのような気がしてくるのです。

しかし、このすべては錯覚であり、M_1がK_1と「まったく異なっている」ことから、K_1と「独立にありうる」ことは導けない。赤い色紙において、赤は色紙の延長（例えば縦横一〇センチメートルの広がり）とまったく異なったあり方をしていますが、この延長から独立にありうるわけではないでしょう。

では、「私」はなぜ、私の身体の「うち」のどこを捜しても発見できず、かつ「ある」のでしょうか？

その理由は、私と身体は、延長と色のような関係（内的関係）にあるからではなく、否定的関係にあるからです。「私」は固有の身体の否定性として成立している。S_1にとって「私」とは「K_1ではない」ものです。しかも、こう書くと消えてしまうような否定的関係です。先に触れたように「これは犬ではない」と語るときの言語内的否定性ではなく、「これは犬である」と語るときに示されている言語外的否定性に基づく。「私はK_1である」と語ることによって、「私はK_1ではない」ことが示されているのです。これを個々の感じG_1に翻訳すれば、「私はG_1である」と語ることによって、「私はG_1ではない」ことが示されているのであり、これは先に見たとおりだからいいでしょう。

このことから、私の心と他人の心を入れ替えることができないことも自然に導かれます。S_1の心は、その固有の身体K_1の否定性にすぎないからであり、S_2の心もその固有の身体K_2の否定性にすぎない。ともに否定性にすぎず、それ自体として「ある」ものではないゆえに、移動も移植もできないのです。

ここに不思議な関係が開かれてくる。

固有の身体との否定的関係によって生ずるのが、現実の「痛み」なのです。私（S_1）が私の痛みを体験できるのは、私が固有の身体K_1との否定的関係にあるからであり、私（S_1）が他人（S_2）の痛みを体験できないのは、私（S_1）がS_2固有の身体であるK_2との否定的関係にないからなのです。「私」の心は単純な「無」なのではなく、私の身体の否定性なのであり、その意味で私の身体に依存している。しかし、私の身体の「なか」にも「そと」にもない。なぜなら、それは「この身体ではない」という否定的形式でのみ「ある」からです。

客観的実在世界の秘密

これで本章は終わりにしてもいいのですが、否定さらには否定的自己関係ということが多くの俗人にはわからないでしょうから、最後にちょっと補足しておきましょう。

Aを否定するというと、ただXを全面的に拒否することだと思っている人がいるようですが、そうではない。たしかに眼前のX（犬）は円周率ではなく、H_2Oでもないのですが、「この犬は円周率ではない」とか「この犬はH_2Oではない」と語っても、真理どころかほとんど何を語っているのかわからない。しかし「この犬はプードルではない」とか「この犬は健康ではない」と語るならその意味は明瞭です。

ここでふたたび先に（第2章で）触れたサルトルの例を挙げれば、何らかの心理テストをした結果、ある集団のメンバー全員を「勇気のある人」と「勇気のない人」に分けて、「Aは勇気がない」「Bは勇気がある」「Cは勇気がない」……と判定するとき、これは、単なる否定であって、否定的自己関係ではない。

しかし、ある卑怯な男Mがしみじみ自分の弱さを嘆いて「俺には勇気がない」と語れば、それは真の（充実した意味を込められた）否定であり「否定的自己関係」であることになる。このとき「勇気」は否定的にMに属する。同じように、ある老人Nが「俺はもう若くない」としみじみ語るとき、「若さ」は否定的にNに属すると言っていい。

同様に、それぞれの「私」の固有の身体は、否定的にその「私」に属するのであって「私」と固有の身体とは否定的自己関係にあります。

私はいまズキズキする歯の痛みを感じているのですが、ここに重要なことは、それは「思考する私（超越論的統覚）」に属さないというかたちで、まさに否定的に「私」に属する。これを言いかえれば、「私」とそれに組み込まれないこの固有の身体とは（互いに独立な「思惟実体」と「延長実体」という二実体なのではなく）固有の否定的自己関係にあるということです。

これを、擬似発生的に語りなおせば、われわれは有機体として世界に生み出されるのですが、それぞれの有機体 S_1、S_2、S_3……がその身体において言語を習得してそれぞれの「私」S_1、S_2、S_3……になると、それぞれの「私」はみずからの普遍性すなわち超越論的統覚であることを自覚し、これと逆方向に、その固有の身体を否定するようになる。

S_1は、みずからを「S_2ではない、S_3ではない……」と否定すると同時に、「有機体S_1ではない」と否定する、すなわちまさに自己自身を否定するのです。

こうして、不思議なことに、「そこで」痛みを感じ「そこから」世界が開かれるようなそれぞれの「私」は、客観的実在世界の「なか」には場所を占めない。それぞれの（大脳を含む）身体は客観的実在世界の一部であって、よって他の物体群と相互作用している。しかし、それぞれの「私」が感じている痛み自身、光景自身は、それぞれの「私」にとって、いかにありありとしていようが、客観的世界の中には存在しない。では、完全な「無」かというとそうではない。それぞれの「私」であるS₁、S₂、S₃…は、それぞれの身体であるK₁、K₂、K₃……の「否定性」として、世界につながっているのです。

ですから、不思議なことに、それぞれの「私」にとって、なるほど他人の痛みは無であっても、私の痛みは現実的であるはずですが、この差異自身が客観的実在世界には登場してこない。このことは、t_1における「私の歯の痛み」は、t_1においては現に痛いのですが、時間が経過し、t_2、t_3、t_4において「痛かった」と過去形で語るときは現に痛くない、しかしこの差異性は客観的実在世界に登場してこないことに並行しています。〈いま〉この私にのみ帰属する現実性が、客観的実在世界では「無」に等しいものになってしまっている。それが、客観的世界の秘密でもあり、私の秘密でもあります。

第7章　死は「ある」のか？

「私の死」とは客観的実在世界からの退場ではない

前章までで、ずっとシニアのための哲学入門を語ってきましたが、本書の目的は、シニア（とくに、私と同様、古希を超えてもうじき死んでしまう）方々に「そういうことか」とわかってもらうことではない。わかってもらえないことも重々承知なのですが、むしろ「哲学っておもしろいなあ」と呟く人、あるいは「目からうろこ、世界の光景が変わってきた」と感動する人がいたとしても、目的達成とは言えません。

というのは、私が目指しているのは、世界の光景が変わることそれ自体ではなく、その根本的転回を「あなたの死」に重ね合わせて、「あなたの死」をも根本的に転回させることだからです。

すなわち、一三八億年も持続してきた宇宙時間のうち数十年前に、四五七億光年を超える大宇宙のうちの銀河系の中の太陽系の中の地球の中の特定の身体に、自分の意志でもなく産み落とされ、もうじきこの広大な世界から消滅する、そして、宇宙の終点に至るまで生き返ることがない、という「普通の意味」を剥がすこと、それがかずかずの曖昧な前提の上に乗っかったきわめて脆い構築物であることを自覚すること、これが目標なのです。

いいでしょうか? この「普通の意味」がまったくのお伽噺だと言いたいわけではない。そうではなくて、この「真理A」は「私がある」とか「〈いま〉がある」とか「自由がある」という「真理B」とまったくかみ合わないのであって、これらのあり方をまったく説明しえず、よって矛盾すらしない。矛盾するには、最低限同じ次元になければならないのですが、平面とそれに垂直な直線が矛盾しないように、客観的実在世界と「私」や〈いま〉や「自由」とは矛盾しないのです。

ですから、先にも言いましたが、まず「真理A」の「うち」で私が死ぬことをもって私の死の唯一の意味とみなすことはできないことは確かです。「真理A」においては、私は生物体として生まれ死ぬことが語られるだけであって、そのかぎり死を否定する理由はない。しかし、「私」とは生物的な主体にすぎないのでなく、言語の主体であることも確かです。それは、「真理A」の「うち」では生まれたときからずっと排除され「無」として扱われてきました。

私に〈いま〉開かれている知覚光景も、〈いま〉思い浮かんでいる想起光景も、客観的世界に居場所はないのであり、そうすると、「私の死」とは何でしょうか？　少なくとも、これまで一三八億年続き、これからも何百億年続くであろう客観的実在世界からの退場ではないはずでしょう。なぜなら、退場しようも、もともと出場していないからです。

たしかに私の身体は客観的世界に属しますから、もうじき退場してしまいますが、「私」は、この身体では「ない」という独特の否定性として「ある」のですから、こうした言語的主体が身体の崩壊後どうなるかは、まったくわからない。すなわち、私が死んでも物理学的には何も「減らない」のです。

私が「ある」ことにほんとうに「驚く」こと

死とは無になることだとすると、はじめから無であるものがさらに無になるとはどういうことか？　はじめから無であるものは、さらに無にはなれないのではないか？

このことにわずかに気づきながらも、ほとんどの人は、この疑問を大切に保持せず、客観的実在世界という図式の威力に負けて、「死」とは、自分がそこから排除されているこの世界から退却して「無になる」ことだと考えているのです。

哲学を「死の練習」とみなしたプラトンは、哲学的思索の開始を「驚き（thaumazein）」と呼びました。私たちの「魂」は、天文学者や物理学者や古生物学者や、歴史学者が語るような世界に住んでいるのではない。まさにこういう学問は「私」からも〈いま〉からも眼を逸らして成立しているからです。こうした客観的実在世界を知れば知るほど、その中に「私」も〈いま〉も存在しないことが、純粋な「驚き」として襲ってくるのではないでしょうか？

哲学は、死後の永遠の魂を保証するものではない。ただ、自分が死後「無になる」ことが当然ではない、という不思議さに驚き続けることなのであり、それは、自分がこの世界に「ある」ことの不思議さに驚き続けることにほかならないのです。

おわりに

本書（私の七〇冊目の著作）は、実利的なテーマが多いワニ新書のうちでは、かなり異色のものでしょう。しかし、じつは本書はワニ新書に最もふさわしいものなのです。というにも、本書のサブタイトルは「シニアのための哲学入門」ですが、本書を読んでもらいたいのは、実利的な人生（哲学などまったく無縁な生活）に明け暮れて、気がついたらもうじき死んでしまう年齢に達したシニアの方々なのですから。「あとは死ぬだけか」とふと思うとき、「これでよかった」わけではないでしょう。まだ「死ぬ」とはどういうことか解決していないのですから。

私が死ぬとはいかなることなのか、この問いに、私は七歳のころから捕らえられ、二〇歳で哲学に志してから、ひたすらただそのことを考えてきました。そして、五二年が経ちました。いまわかっていることは、私が死ぬことは単に私がこの世界から消滅することではないということ。個々人がこの世界に生まれ出てやがて死ぬということは、それほど単純な構造をしているのではない。それを解明するには、世界の基本構造を見きわめ、そして、その中に生きている「私」のあり方を見きわめる、というたいへんやっかいな作業を必要とするのです。哲学の素人にも遠慮することなく、高度な思索へと登りつめるように書いたので、次第に理解が困難になるかもしれませんが、いかに実利的な人生であろうと、それなりに思索してきたのであれば、おぼろげに私が何を言いたいのかわかるでしょう。広大な客観的世界が「ある」こと、あなたがその中に「ある」ことが、じつはまったく予想もしないほどの異様な相貌をしていることがわかってもらえれば、それで本書の目的は半ば達したと言えましょう。

最後に、老哲学者のわがままな要求を丹念に聞き入れてくださった、ワニブックス担当編集者の内田克弥さんには、ここであらためて感謝いたします。

二〇一八年一二月一七日、明日はまたウィーン

中島義道

死の練習

シニアのための哲学入門

2019年2月25日　初版発行

著者　中島　義道

中島　義道（なかじま　よしみち）
1946年生まれ。
東京大学教養学部・法学部卒業。
同大学院人文科学研究科哲学専攻修士課程修了。
ウィーン大学基礎総合学部哲学科修了。哲学博士。
専門は時間論、自我論。「哲学塾カント」を主宰。
おもな著書に、
『明るく死ぬための哲学』（文藝春秋）
『時間と死』（ぷねうま舎）、
『七〇歳の絶望』（角川新書）、
『カントの時間論』『哲学の教科書』（以上、講談社学術文庫）、
『不在の哲学』（ちくま学芸文庫）、
『悪について』（岩波新書）、など多数。

発行者　横内正昭
編集人　内田克弥
発行所　株式会社ワニブックス
〒150-8482
東京都渋谷区恵比寿4-4-9えびす大黒ビル
電話　03-5449-2711（代表）
　　　03-5449-2716（編集部）

帯デザイン　小口翔平＋喜來詩織（tobufune）
カバーデザイン　橘田浩志（アティック）
写真　Mark Newman／アフロ
校正　玄冬書林
編集　内田克弥（ワニブックス）

印刷所　凸版印刷株式会社
DTP　株式会社 三協美術
製本所　ナショナル製本

定価はカバーに表示してあります。
落丁本・乱丁本は小社管理部宛にお送りください。送料は小社負担にてお取替えいたします。ただし、古書店等で購入したものに関してはお取替えできません。

ISBN 978-4-8470-6616-0
ワニブックスHP　http://www.wani.co.jp/
WANI BOOKOUT　http://www.wanibookout.com/